알 면 알 수 록 위 대 한

우리 과학기술의
비밀

알 면 알 수 록 위 대 한

우리 과학기술의
비밀

이명우 지음

평단

이 책을 펼치면 고대부터 조선시대까지 우리나라에 흐른 과학기술의 비밀 창고에 들어간 기분이다. 우리 선조가 가진 위대한 과학기술을 엿보다 보면 경이로움과 자랑스러움을 느끼게 된다. 이 책은 우리 과학기술의 우수성에 대한 단순한 설명이 아니라 역사적 사실과 과학적 근거, 동서양의 비교가 뒷받침된 과학기술 역사서이다. 이 책은 독자에게 희망과 용기, 민족적 자긍심을 불러일으킬 것이며 역사 인식을 새롭게 가지도록 해 줄 것이다. 또한 꿈과 희망이 필요한 사람에게 영감을 줄 것이다. 학생, 근로자, 기업인, 정치가와 정부 정책 수립자 등 모두에게 꼭 읽기를 추천한다.

– (사)선진사회만들기연대 이사장 / 선사연 역사포럼 공동대표 / 고대 정보보호대학원 초빙교수
_ 조휘갑

우리나라가 전쟁 후의 폐허에서 최단기간에 세계적인 경제 강국이 될 수 있었던 데에 과학기술의 힘이 있었음을 부인할 사람은 없을 것이다. 그러나 우리나라가 고대부터 과학기술 강국이었음을 아는 사람은 그리 많지 않다. 이 책은 이러한 우리의 과학기술에 대한 역사적 필연을 흥미롭게 파헤치며 우리 민족의 자부심을 일깨워 준다. 우리 과학기술의 비밀을 알고 싶다면 역사와 과학기술을 넘나드는 이 책을 읽어 보길 바란다.

– 한국과학교육단체총연합회 명예회장 / 늘푸른교육포럼 회장 _ 이규석

이 책은 고대 인류문명의 길을 연 이들이 우리의 조상이라는 것을 처음으로 당당하게 밝힌 과학역사서이다. 공학도 출신인 저자는 역사학자가 아니기에 이러한 내용을 있는 그대로 과감하게 담아낼 수 있었다고 본다. 지금까지 접한 사대식민주의사관과 정치적 목적의 조작된 실증사학론에 따른 책이 아니라 1차 사료와 유물에 기초하여 우리나라 고대과학기술의 우수성을 있는 그대로 순수하게 밝힌 이 책을 많은 독자에게 보길 권한다.

- 한민족전통사상연구소 소장 / 국사찾기협의회 회장 / 역사의병대 총사령 _ 김정권

우리는 세계에서 유일하게 스스로를 천손이라고 자칭하는 민족이다. 그 자부심은 단지 허풍일까? 오늘날 서양이 주도하는 과학문명에 매몰되어 살다 보니 스스로가 얼마나 훌륭한 과학기술을 가지고 있는지, 위대한 민족인지 깨닫지 못하고 있다. 또한 일제강점기의 식민주의 교육을 극복하지 못한 채 우리 사회에는 자기비하 경향이 만연해 있다. 이러한 현실에서 일흔이 넘은 공학도인 저자는 '시대를 뛰어넘는 우리 과학 유물'을 더 많은 이에게 알려 우리 민족의 자부심을 되살리고자 한다. 자존심이 없는 자에게 성공은 없다. 많은 젊은이가 이 책을 읽고 자랑스러움으로 충만하여 당당하게 자신의 인생을 성공으로 이끌어 나가길 바란다.

- 우리역사연구원 원장 / 전 (사)한국정신과학학회 부원장 _ 밝완서

우리가 '인류의 뿌리, 세계 종교나 사상의 근원지'라는 주장은 많으나, '물질 과학 분야에서 세계에서 앞섰다'는 주장은 거의 찾아보기 힘들다. 그런 점에서 이 책은 매우 가치가 있다. 구체적인 유물로 확인할 수 있는 우리 민족의 '세계 최고의 고대과학기술'은, 미래의 통일한국과 세계를 이끌어 나가야 할 젊은이에게 '홍익인간' 이념 등 미래형 정신적 자산과 함께 과학기술의 물질적 자산으로 자신감을 심어 줄 수 있기 때문이다. 특히 이 땅의 젊은이에게 일독을 권하면서 창조경제를 추구하는 정부에서도 이 책에 관심을 가지길 기대한다.

- (사)한배달 이사장 / 치우학회 회장 / 예비역 준장 / 역사학 박사 _ 박정학

우리에게 누군가가 연필과 종이와 자를 주고 1밀리미터 간격 안에 0.2밀리미터 선간 간격으로 3개의 직선을 그리라고 하면 정확하게 그릴 수 있을까? 아마도 대부분이 이 작업을 하기 위해 우선 큰 확대경을 책상 옆에 붙인 다음, 연필심을 0.1밀리미터(머리카락 굵기) 정도로 가늘게 깎은 후 종이에 자를 대고 균일한 간격으로 세심하게 그릴 것이다. 그것이 힘들다면 컴퓨터이용설계CAD: Computer Aided Design 프로그램을 이용해야만 할 것이다.

그러나 2400년 전 고조선古朝鮮의 장인匠人들은 손작업으로 청동기 거푸집에 1만 3000여 개의 직선과 원을 조각한 후 청동주물을 부어 청동거울을 만들어 내었다. 1960년대에 충청남도 논산의 고인돌무덤에서 출토된 지름 21.2센티미터의 청동거울 '다뉴세문경'(국보 제141호)은 현재 숭실대학교 박물관에 소장되어 있는데, 커다란 확대경이 유물 위에 설치되어 있어 선의 높이가 0.18밀리미터에 0.2밀리미터의 선간 간격으로 직선과 원이 초정밀하게 조각되어 있는 것을 직접 볼 수 있다. 몇 년 전에 학계 연구원들이 최첨단 컴퓨터 장비를 동원하여 1만 3000여 개의 선과 원의 디자인을 정밀하게 복제하여 실물 청동거울 복원에 성공하였는데, 첨단 기기가 없던 고대에 손작업만으로 이러한 세밀한 작업을 했다는 사실은 정말 믿기 어려운 일이다.

공학도인 필자는 그간 고조선시대부터 조선시대까지의 고대 무기, 금속공예품, 화약 병기, 목조 및 석조 건축물 등 10여 개 분야를 대상으로 다양한 유물과 문헌기록을 찾아보며 역사와 과학기술 측면에서 검토하고 연구하였다. 그 결과 우리의 선조가 만들고 남긴 소중한 유물에 깃든 기술이 그 당시 동서양의 어느 국가와 비교하더라도 세계 최정상의 최첨단 기술이었음을 확인할 수 있었다.

그간 출간된 고조선시대부터 조선시대까지의 과학기술을 다룬 저서 대부분이 문화재의 기술적 우수성에 대한 개괄적 설명에 머무는 것과 달리, 이 책은 세계 최정상 또는 최첨단 기술에 바탕을 둔 우리 문화유산의 역사적 사실과 과학적 근거, 그리고 동서양과의 기술 비교에 중점을 두었다.

독자 여러분은 호기심으로 이 책을 접했다가 흥미진진한 우리나라 고대 유물과 관련된 역사와 과학기술의 세계에 점차 빠져들 것이다. 또한 이 책을 보면서 청소년은 물론 중장년에 이르기까지 모두가 우리나라가 고대부터 과학기술 강국으로서 그 명맥을 이어 오고 있고, 현재 통신과 반도체 분야에서 세계 정상을 달리고 있는 것이 우연이 아닌 역사적 필연이라는 것을 알고 민족적 자긍심을 가지게 될 것이다. 아무쪼록 이 책이 많은 이에게 우리 민족의 자부심을 일깨우고 나아가 우리나라 과학기술 발전의 촉매 역할을 하기를 기대한다.

　끝으로 이 책의 출간을 맡아 주신 평단문화사의 최석두 사장님과 이 책의 편집과정에서 수고해 주신 김복녕 부장님을 비롯한 관계자 여러분께 감사의 마음을 전한다. 또한 40년 가까운 시간을 나의 옆에서 묵묵히 지켜보며 보살펴 주고, 이 책이 나오기까지 물심양면으로 도움을 아끼지 않은 아내 허정애 여사에게 무한한 사랑과 애정을 보낸다.

아차산 운룡도서관에서

이명우

차례

제1부

최강 고구려제국의
철기병 군단

01
천상의 금속으로 신성시한 운석

2014년 3월 9일 오후 8시에 한반도 상공에서 밝은 유성이 출현하였고, 전국 각지에서 커다란 불덩어리가 하늘을 가로질러 떨어지는 것을 목격하였다. 이튿날 경상남도 진주에서 4개의 운석을 발견하였으며, 가장 큰 마지막 네 번째 운석은 그 무게가 무려 20킬로그램[25cm(가로)×25cm(세로)×16cm(높이)]에 달하였다. 1943년 전라남도 고흥군 두원면에서 두원 운석*을 발견한 지 71년 만에 한반도에서 다시 운석을 발견한 것이다. 운석을 발견하였다는 언론 보도에 이어 운석의 재산 가치가 수억 원을 호가한다

● **두원 운석** 일제강점기이던 1943년 11월 23일 오후 3시 47분쯤 전라남도 고흥군 두원면 성두리 186-5 야산에 떨어진 석질운석으로, 이 운석을 처음 발견한 사람은 당시 두원공립보통학교의 학생들이었다. 하지만 해방 후 이 학교의 일본인 교장인 아다찌속구가 일본으로 돌아가면서 운석을 자국으로 반출하였다. 그간 일본국립과학박물관이 비공개로 소장해 오면서 운석의 존재가 알려지지 않았는데 일본이 1980년 연구 결과를 학계에 발표하면서 그 내용이 1985년 대영박물관이 발행한 세계 운석 카탈로그에 기재되었고, 그러면서 두원 운석의 존재가 세상에 드러났다. 그 이후 1999년 한일 정상회담에서 한국지질자원연구원이 보유한 국내산 지질표품(암석 2점, 화석 2점)과 두원 운석을 교환, 영구임대하는 형식으로 반환받아 현재는 한국지질자원연구원 지질박물관에 보관 중이다.

는 소문이 돌면서 운석에 대한 사람들의 관심이 전국적으로 높아
졌다. 진주는 운석을 찾으려고 몰려든 많은 탐사객으로 붐볐고 운
석을 사려는 해외의 장사꾼도 잇따라 찾아왔다. 이러한 상황에서
국회는 귀중한 우주 연구 자산인 운석에 대해 '운석 등록제'와 국
외 반출을 금지하는 내용을 담은 〈우주개발진흥법〉의 일부 개정
법률안을 발의하였다.

　왜 사람들은 운석에 이렇게 열광하는 것인가? 먼 옛날 구석
기시대 인류는 변화무쌍하고 예측할 수 없는 다양한 조화를 부리
는 하늘에 우주 만물을 다스리는 천신이 존재한다고 믿으며 숭배
하였다. 그들은 밤하늘을 바라보면서 별과 혜성을 관찰하고 하늘
에서 떨어지는 운석을 천신天神, 즉 하느님이 주는 천상의 선물로
생각하였다. 그래서 고대 원시인은 운석을 하느님이 지닌 신성神聖
을 인간에게 나누어 주는 '천상의 돌' 또는 '천상의 금속'으로 생
각하였다.

고대 수메르인은 철을 '하늘의 돌'이라고 칭하였으며, 이집트의 파라오는 철을 '하늘에서 온 검은 구리'라고 불렀다. 또한 그리스인도 철을 와베베, 즉 '하늘의 선물'이라고 하였다. 이렇듯 인간이 최초로 접한 철은 운철隕鐵이었다. 인류 최초의 철제 유물은 이집트에서 만들어진 철제 구슬로 알려져 있는데, 기원전 4000년대에 만들어진 이 구슬도 결국 운철로 만들어진 것으로 확인되었다.[1]

운석 중에 철질운석은 철과 니켈이 99퍼센트를 차지하기 때문에 철 뭉치로 볼 수 있다. 고대 원시인은 단단한 재질의 흑색을 띠는 신비로운 운석을 신성하게 여겼고, 석기시대에는 부족장이나 제사장만이 사용할 수 있는 권위의 상징으로 자리하였다. 즉, 운석을 가진 자가 천신의 아들이 되고, 신의 권능을 부여받은 신과 같은 존재가 된다고 믿은 것이다. 고고인류학자들에 따르면, 선사시대의 여러 민족은 금속을 녹이는 야금술冶金術인 용광법을 발견하기 이전에는 운석과 같은 광석을 돌처럼 취급하였다. 기원전 1200년에서 1000년 사이 무렵에는 구리 등의 금속을 추출하는 야금술을 터득하기 전까지 운석을 두드리거나 가공하여 종교 의례로 사용하는 성물聖物이나 권위의 상징인 칼 등을 만들었다. 20세기 전까지만 해도 철을 생산하지 않았던 그린란드의 에스키모족이 운석의 철로 칼을 만든 것은 바로 이러한 방법을 이용한 것이다.

하늘에서 떨어진 것이든 땅 위에서 적출된 것이든, 철은 신성한 힘을 가진 것으로 여겨졌다. 금속 숭배는 문화 수준이 높은 민족의 경우에도 나타난다. 고대국가의 왕들뿐만 아니라 얼마 전까지만 해도 말레이시아의 왕들은 왕권의 일부를 이루는 '신성한 쇳덩이'를 지니고 있었다. 그들에게는 '천상의 금속'에 대한 전설적인 기억과 그 금속의 신비한 마력에 대한 신앙이 남아 있는 셈이다. 시나이반도의 베두인족은 운석의 철로 만든 칼을 지닌 사람은 전투에서 상처를 입지 않으며, 모든 적을 물리칠 수 있다고 확신하였다.

빈 박물관에 소장 중인 성창
자료: www.google.co.kr에서 검색

예수 그리스도가 십자가에 못 박혀 죽을 때 사용된 쇠못을 넣어 만들었다고 전해지는 8~9세기 때 제작된 철제 창이 있는데, 이는 로마제국 때부터 신성하게 여겨 온 성물이다. 그 창은 성창聖槍, Sainte Lance 또는 롱기누스의 창이라고 불리며, 현재 오스트리아의 빈에 있는 예술사박물관에 전시되어 있다. 롱기누스의 창이라는 이름은 예수가 십자가에 매달렸을 때 로마 백인대장이 예수의 옆구리를 찔러서 그 피가 묻은 창에서 유래하였다고도 한다. 성창과 롱기누스의 창이 서로 다른 것이라는 주장도 있고 같은 것이라는 주장도 있다.

예수가 실제로 매달린 것이라고 알려진 십자가는 비잔틴제국의 황제 콘스탄티누스Constantinus의 어머니인 헬레나Helena가 성지순례의 목적으로 예루살렘의 골고다 언덕을 방문한 후 언덕에 성묘 교회Church of the Holy Sepulchre를 건설하기 위한 기초공사로 땅을 파던 중에 발견한 것으로서, 그때 십자가의 못도 함께 발견하여 지금까지 성묘 교회에 봉안하고 있는 것으로 전해진다. 6세기 때 성창이 성묘 교회로 흘러들어 온 후 십자가의 못과 이 창이 결합한 것으로 알려져 있다.

당시에는 이 성창을 가진 자가 곧 예수로부터 통치자의 권능을 부여받는다는 믿음이 성행하였고, 적의 침입을 받았을 때 이 창을 들고 있으면 적을 물리칠 수 있다고 믿었다. 이런 이유로 로마 황제뿐만 아니라 유럽 국가의 왕들도 이 창을 서로 가지려고 다투었다. 이 창은 로마 황제와 유럽 여러 국가 왕들을 거치며 내려오다 939년 게르만제국의 오토 1세Otto I에게 전해졌는데, 당시 왕국의 반란군을 진압할 때 황제가 이 창을 들고 있어서 무사히 진압에 성공하였다는 기록이 남아 있다.

제2차 세계대전 당시에도 히틀러Adolf Hitler와 그의 추종자들은 이 성창을 찾으려고 오스트리아 전역을 샅샅이 뒤졌으나 결국 찾는 데 실패하였다. 그러다 1946년 8월 2일에 미국 육군 장교들이 독일 뉘른베르크 시 오버레 슈미트가세Obere Schmiedgasse 제3호

| 고구려 오회분 4호묘 〈대장장이 신〉. 자료: 국립중앙박물관 고구려 전시회에서 촬영

건물 창고에서 이를 찾아내어 오늘날 박물관에서 볼 수 있게 되었다.

성창의 예에서 보듯이, 상당히 진보한 철기문화를 지닌 민족의 경우에도 철이나 철로 만든 무기 등의 성물은 여전히 기이하면서도 주술적이고 종교적인 마력을 간직하고 있다고 여겼다. 철이나 철로 만든 성물은 제사장이 악령을 물리칠 때 쓰는 신의 도구이자 적으로부터 부족을 보호하는 신령한 힘을 갖고 있다고 믿었다. 또한 고대국가에서는 철을 만드는 사람조차 신성시하여 신神의 반열에 올려놓고 존경하는 경우도 있었다. 그리스 신화에서 대장장이 신인 헤파이스토스가 등장하는 것처럼 고구려 벽화에도 대장장이 신이 등장하는 것은 고대국가에서 철을 신처럼 여긴 믿음의 한 예이다. 이처럼 신비로운 신의 권능을 지닌 것으로 여긴 철을 품고 있는 운석은 불과 더불어 청동기·철기시대의 문명을 여는 시금석이 되었다.

02
동북아시아 청동기문화의 시조인
치우천왕

우리 민족의 역사는 구석기시대의 원시 가족 공동체에서 시작해 청동기시대의 원시 부족사회를 거쳐 청동기와 철기를 함께 사용하는 지배층과 피지배층으로 형성된 계급사회로 이행하면서 계급국가로 발전하였다.

《삼국유사》에 기재된 〈고기古記〉에는 우리나라 최초의 국가인 환국桓國에 대한 기록이 있다. 환웅천왕은 무리 3000명을 거느리고 태백산 신단수 아래에 내려와 신시神市를 세우고 국가를 다스렸다. 환웅천왕의 아들 단군왕검은 즉위한 지 50년이 되는 해에 평양성에 도읍을 정하고 조선이라 하였다. 단군의 고조선시대에 치우천왕治尤天王(기원전 2707~2599년)이 있어 땅을 개간하고 구리와 쇠를 캐내어 군대를 조련하고 산업을 일으켰다고 한다.

사마천의 《사기史記》에도 조선의 치우천왕에 대한 기록이 남아 있는데 그 내용은 다음과 같다.

"제후들은 모두 치우를 따랐고 치우는 횡포해졌는데 천하에 이를 벌할 자가 없었다. 치우의 형제는 81인이었는데, 몸은 모두 짐승의 모습으로 사람의 말을 하고 머리는 구리요, 이마는 쇠로서 모래를 먹으며 칼·창·활을 만드니 그 위세가 천하에 떨쳤다. 치우는 옛 천자天子의 이름이다."

앞에서 언급한 치우천왕의 이야기는 중국 역사서에서 언급하는 역사적 사실로서, 고조선 이전의 기원전 2700년 무렵 우리 배달민족 최초의 국가인 환국의 14대 자우지환웅인 치우천왕시대에 동북아시아에서 가장 먼저 청동기와 철기 생산을 시작하고, 철제 투구와 활·칼·창을 만들어 사용함으로써 동북아시아 지역에서 막강한 세력을 형성하였음을 알 수 있다.

❚ 중국 호남 치우촌의 치우천왕 동상
❚ 자료: www.baidu.com에서 검색

또한 많은 이가 2002년 월드컵 축구경기 때 '붉은 악마Red Devils' 응원단의 함성을 기억할 것이다. 붉은 악마는 우리 민족의 영웅이자 불패의 전쟁 신으로서 민간신앙으로 받들어지고 있는 치우천왕의 트레이드마크이다. 치우천왕은 국가의 수호신으로 모셔지고 있기 때문에 조선의 정궁인 경복궁의 근정전 용상 옆면에도 조각으로 남아 있다.

치우천왕이 존재한 고조선시대에 만든 무기로는 청동제 무기를 대표하는 검劍, 과戈(창의 일종), 모矛(창의 일종), 극戟(창의 일종으로 날 끝이 갈라져 있음)이 있으며 개갑鎧甲(투구와 갑옷)과 노弩를 발명한 것으로 전해지고 있다. 치우천왕은 이러한 여러 무기를 사용해 동북아시아 21개 지역의 제후를 물리치고 영토를 확장하였다. 치우천왕이 거느린 군대는 중국보다 앞선 첨단 무기를 갖추고 황제헌원皇帝軒轅과의 전투에서 승리하였는데 이 싸움이 중국 신화에 나오는 그 유명한 탁록대전涿鹿大戰●이다.

고대 중국은 치우천왕으로 인해 많은 고통을 겪었기 때문에 사마천의 《사기》부터 청나라 후기의 역사서에 이르기까지 치우천왕을 북방 오랑캐의 괴수로 묘사하고 있다. 중국은 전통적으

● **탁록대전** 배달국, 동이족, 구려족, 묘족의 수장인 치우천왕과 화하족(華夏族)의 수장인 황제헌원이 벌인 전투이다. 치우천왕은 탁록에서 수년간 70여 차례의 전투에서 승리하였으나 마지막 전투에서 황제헌원에게 패하였다. 이 전투 후에 묘족 등 일부는 후대에 화하족이 주축이 된 한족(漢族)의 소수민족으로 흡수되었다. 이 탁록대전은 기원전 13세기 서양 세계의 트로이 전쟁과 맞먹는 고대 동북아시아 최대의 전투로 유명하다.

로 염제신농과 황제헌원을 한족漢族의 조상으로 추앙하였다. 그러
나 최근 중국 정부는 고조선과 고구려를 그들의 속국으로 편입하
려는 동북공정東北工程이라는 역사 왜곡 작업의 일환으로 북경에서
120킬로미터 떨어진 곳에 위치한 탁록에 귀근원歸根苑이라는 황제
헌원 사당을 1995년에 신축하였다. 이 사당 내에 염제신농炎帝神農,
황제헌원, 치우천왕을 시조 3황제로 모시는 중화삼조당中華三祖堂을
만들었으며, 공개적으로 치우천왕을 그들의 시조로 홍보하고 있
다. 그러나 탁록은 《삼국지》의 주인공인 유비, 장비, 관우가 등장
하는 누상촌에서 10리 정도 떨어진 곳으로서 지금도 치우천왕의
묘와 우물 등 유적이 곳곳에 남아 있어 이 지역이 고조선의 영역

| 중화삼조당의 삼조상. 치우천왕(좌), 황제헌원(중), 염제신농(우). 자료: www.google.com에서 검색

이었음을 보여 주고 있다.

특히 문화재관리국 발굴단이 경기도 양평군 양수리 두물머리의 고조선시대 고인돌 유적에서 발굴한 청동기 유물의 절대 연도는 무려 3900년 전이라고 한다. 또한 북한에서 발표한 평안남도 성천군 백원리 9호 고조선 고인돌무덤에서 발굴한 세형동검細形銅劍의 절대 연도는 3402년 전이다. 이러한 과학적 고증에 근거하여 본다면 세형동검보다 더 앞서 사용된 검인 비파형동검을 무기로 사용한 고조선이 제철기술에서 중국을 앞선 것이다. 이러한 제철기술에 대한 과학적 근거나 사마천의 《사기》에 나와 있는 역사적 사실로 볼 때, 고조선은 중국의 작은 변방 국가 중 하나가 아닌 중국과 대등한 세력을 가진 우리나라 최초의 대제국이라 하겠다.

03
천년을 앞선 고조선의 청동기 제련기술

터키에서 구석기인이 운석이나 노천 광석에서 추출한 금속을 돌처럼 두드려서 사용한 것으로 추정되는 동銅으로 만든 동기銅器를 최초로 발견하였는데, 그 시기는 9000년 전 무렵이다. 동으로 특정한 목적의 기구를 만든 것은 인류 역사상 가장 큰 혁명적 사건으로 문명의 시발점이 되었다. 순수한 동에서 합금인 청동을 제작하여 사용한 청동기시대는 기원전 3000~1200년 무렵에 해당하는데, 청동기는 지금까지 서양의 역사 기술에 근거하여 메소포타미아 지역에서 기원전 3100년쯤에 발명된 것으로 추정해 왔다. 메소포타미아를 중심으로 하는 서남아시아에 있었던 오리엔트 세계의 최고 문명을 창조한 수메르의 우르Ur 제1왕조 시대(기원전 2800~2400년)의 분묘에서는 일찍이 청동기가 발견되었다.

그러나 앞에서 언급한 바와 같이 우리나라 고조선 영역의 고인돌무덤에서 기원전 4000년 무렵의 청동기를 발굴한 것을 볼 때, 메소포타미아 지역에서 동방으로 청동기를 전래한 것이 아니라 환국과 고조선시대에 독자적으로 청동기를 발명한 것으로 추정할 수 있다. 그리고 이 청동 주조기술을 중국에도 전래하고 시베리아를 거쳐 메소포타미아 지역까지 전파한 것으로 생각해 볼 수 있다. 우리나라인 고조선이 청동기 문명의 발상지라고 본다면 우리가 늘 역사 시간에 배워 온 4대 문명(메소포타미아 문명, 이집트 문명, 인더스 문명, 황하 문명) 중 하나를 '황하 문명'이 아니라 '고조선 문명'이라고 해야 하지 않을까 한다.

고조선은 《단군세기》, 《삼국유사》, 《동국통감》의 기록에 따르면 기원전 2333년에 환국의 마지막 환웅인 단웅檀雄(18대 거불단 환웅)의 아들 단군왕검이 건국하였다. 고조선은 기원전 2070년경에 시작되었는데, 이 시기는 요堯, 순舜, 우禹 임금이 있었던 중국의 하夏나라보다 앞서고, 최초의 파라오인 이집트 메네스Menes 왕의

고조선시대 청동향로
자료: 국립중앙박물관에서 촬영

중국 상대(商代, 기원전 11세기) 청동기
자료: 국립중앙박물관에서 촬영

고왕조 시기(기원전 2635~2140년)에 해당한다.

　중국 역사서인 《삼국지》의 〈위서魏書〉 '동이전東夷傳' 등의 문헌과 함경북도 회령 오동五洞과 호곡동의 출토 유물에 토대하여 통설적으로 역사학계에서는 고조선이 기원전 8~7세기 때 통일된 국가체제를 형성하였다고 본다. 이 시기는 청동기와 철기가 혼용되던 초기 철기시대이다.

　구리의 녹는점은 1083도이지만 산화동이나 탄산동 등은 이보다 낮은 700~800도 정도의 온도에서 녹는다. 그리고 소량의 주석과 납 또는 아연 같은 원소는 동광석에도 포함되어 있으므로 원시시대 사람들은 자연 상태에서 얻은 동광석을 용해하고 사용할 때 주석과 납 또는 아연이 구리와 섞이면 성질이 견고해지고 강해짐을 깨달아 합금의 원리를 발견했을 것으로 추정된다.

　청동은 구리 90퍼센트와 주석 10퍼센트로 이루어진 합금으로서 소량의 아연과 납 등을 섞어 만드는데, 일반 민무늬토기를 굽는 온도인 700~800도 정도의 저온에서 녹는 성질을 가지고 있다. 고대 인류가 생활하던 지역 도처에 산재한 철보다 합금인 청동의 제조기술이 먼저 개발된 이유는 철광석이 1200도 이상의 고온에서 용해되기 때문이다. 청동기술이 개발된 지 2000년이 지난 후에야 높은 온도를 낼 수 있는 용철로鎔鐵爐가 발명됨으로써 철을 생산할 수 있게 된 것이다.

　청동의 주성분은 구리와 주석인데 다른 국가의 출토 유물과 비교한 결과, 고조선의 청동 주조기술이 중국은 물론이고 당대 세계 최고의 기술임이 증명되고 있다. 중국은 주周나라시대의 청동 주조기술이 세계에서 가장 발달한 기술이라고 주장하고 있는데, 중국 청동기는 납 성분을 다량 포함하고 있는 반면에 고조선 청동기는 아연 성분을 다량 포함하고 있다.

아연 성분의 합금 제품은 단단하고 강해서 주로 장신구나 무기를 만드는 데 사용된다. 청동과 아연은 서로 비등점이 다르기 때문에 청동-아연 합금을 만들기 위해서는 고도의 합금기술이 필요하다. 현대 과학자들은 청동에 아연을 합금한 것을 세계사에 남을 발명으로 평가한다. 청동은 구리와 주석의 합금 비율에 따라 성질이 달라지기 때문에 용도에 맞추어 합금 비율을 달리한다.

고조선에서는 초기 청동기부터 구리·주석에 아연을 섞은 청동-아연 합금을 많이 사용하였다. 청동기를 제조할 때 적절한 양의 아연을 섞어 주면 색깔이 부드러운 금빛을 띠고 주조물의 성질도 좋아져서 장식품이나 의식 용구를 만들기에 적당해진다. 해방후 함경북도 나진 초도에서 발굴된 초기 청동기시대의 유물인 '달아매는 치례거리'에는 구리 53.93퍼센트, 주석 22.30퍼센트, 납 5.11퍼센트 이외에 아연이 13.7퍼센트나 들어 있고, '잔무늬거울(세문경)'과 '주머니도끼'에도 각각 아연이 7.36퍼센트와 24.5퍼센트나 들어 있다. 이것은 구리, 주석, 납을 주성분으로 하는 은殷대 이후 중국의 청동과는 분명히 차이가 있다. 1930년대 이후 많은 학자가 중국 청동기의 성분 분석을 하고 있지만 송宋(960~1279년)대 이전의 유물에서는 아연이 발견되지 않았다.[2]

고조선 청동기를 대표하는 유물은 비파형동검琵琶形銅劍이다. 비파형동검은 날 중간에 돌기突起가 있고 하부로 갈수록 팽창되면서 곡선을 그리고 있는 모양이 중국 고대 악기인 비파琵琶처럼 생겼다고 하여 비파형동검이라 부른다.

평안남도 성천군 백원리 9호 고인돌무덤에서 발굴된 세형동검과 팽이토기는 이의 연대를 측정한 학자들마저 놀라게 만들었다. 이곳에서 발견된 나팔형의 변형 팽이토기와 놋단검(청동단검) 유물의 연대를 핵분열법, 열형광법, 전자상자성공명법으로 측정한 결과, 각각 3402±553년, 3324±465년, 3368±522년, 즉 기원전 14세기 무렵으로 판명되었다. 더구나 오덕형 고인돌무덤과 룡곡리 고인돌무덤의 자연과학적 연대 측정치가 각각 4990년과 4539년 전으로 나온 것으로 보아 고고학적인 상대 연대에 잘 부합하며 발굴 유적의 연대 추정 타당성을 새롭게 확증해 준다.

여기서 한 가지 더 언급해야 할 것은 지금으로부터 4539년 전 무덤으로 측정된 룡곡리 4호 고인돌무덤과 룡곡리 1호 고인돌무덤에서는 고조선의 대표적인 유물 중 하나인 미송리형 단지가 나왔다는 것이다. 미송리형 단지가 보이지 않는 좀 더 오래된 침촌형 고인돌무덤은 자연히 단군조선 이전 시기로 소급되며 그 연대는 기원전 4000년대 후반기, 즉 청동기시대에 해당한다. 이 연대는 평안남도 성천군 룡산리 고인돌무덤의 연대가 지금으로부터 5069년 전으로 측정된 자연과학적 분석 결과로 보아도 명백한 사실임을 알 수 있다. 북한에서 발표한 고인돌무덤의 축조 연대가 적어도 기원전 4000년까지 거슬러 올라간다는 것은 이곳에서 발견된 청동기를 기원전 4000년경의 유물로 본다는 것을 뜻한다.

당시 고조선의 영역에 있었던 발해 연안 북부 중국 하북성 당산시 대성산 유적에서도 초기 청동기시대에서만 보이는 붉은색을 띤 순동pure copper으로 만든 장식 2점(홍동패식紅銅牌飾)이 발견되었다. 이 청동기를 사용한 시기는 대략 기원전 2000년 무렵으로 추정되는데, 이는 중국 청동기보다 앞서고, 청동기 초기 단계의 동북아시아에서는 가장 이른 시기에 해당한다. 내몽골 적봉시 하가점 유적에서도 4점의 청동기 재련 덩어리가 출토되었는데, 이는 대성산 유적의 순동보다 한 단계 발전한 초기 청동기로서 동북아시아 청동기문화의 기원을 밝히는 작업에서 매우 중요한 위치를 차지한다.[3] 발해 유역과 한반도 북부에서 청동기 문화가 퍼져 나갔고, 기원전 1500~1300년에 고조선 강역이었던 요하 지역과 남북한의 고인돌 유적지 및 주거지에서 동검銅劍, 동경銅鏡, 동부銅斧, 기타 이형 동기銅器 등 우수한 청동기가 다량 출토되었다.

고조선의 비파형동검과 세형동검은 청동-아연 합금으로 주조한 것이다. 청동-아연 합금을 고대인이 쉽게 만들지 못한 이유는 아연이 420도의 낮은 온도에서 녹고 950도에서는 증기로 달아나기 때문에 1000도 이상으로 가열해야만 하는 청동의 주조과정에서 아연을 섞어 넣는 것이 매우 어렵기 때문이다. 이 어려운 기술상의 문제를 고조선시대 한국인은 특수한 주조기술을 고안해서 해결한 것이다.

이러한 청동 – 아연 합금의 청동기는 유럽에서는 초기 로마 시대에 이르러 제조하기 시작하였는데, 기원전 20년에 만든 동전에는 아연이 17.3퍼센트 정도 포함되어 있다. 우리나라 초기 청동기시대의 청동 – 아연 합금의 청동기 유물은 지금까지 출토된 청동기 유물로서는 세계에서 가장 오래된 것이다. 우리나라의 청동기 제조기술이 로마보다는 1000년쯤 앞서고 중국보다는 2000년쯤 앞선다는 역사적 사실을 볼 때 우리는 최첨단 주조기술을 가진 국가의 국민으로서 충분히 자부심을 가져도 될 것이다.

특히 중국 요동반도에 위치한 고조선의 강상 무덤에서 나온 청동으로 장식된 출토품은 당시 청동 주조기술이 세계 최고였음을 잘 보여 준다. 무덤에서 발굴된 청동 제품에는 가느다란 구리실로 베개를 싼 그물이 남아 있는데, 이 구리실이 얼마나 가는지 명주실로 짠 비단처럼 맨눈으로는 그물눈을 알아볼 수 없을 정도이다. 2800년이나 전에 구리를 늘려 그물을 짰다는 사실은 현대의 기술 수준으로 생각해 보아도 대단한 일인데, 그 그물의 구리실이 지름 0.25밀리미터 정도로 가늘다는 사실은 고조선의 금속세공 기술이 당대 세계 최고 수준이었음을 보여 주는 것이다.[4]

동북아시아의 청동기 문화권은 각 지역에서 제작하여 사용한 동검에 따라 각각의 문화권으로 구분하고 있다. 첫째는 손잡이를 검의 몸과 붙여 주조한 동물 문양을 새긴 '오르도스식 동검 문화권', 둘째는 날이 곧고 손잡이를 몸체와 함께 만든 '동주식 동검 문화권', 그리고 셋째는 날 양쪽에 돌기가 있고 손잡이를 몸체와

| 오르도스식 동검 | 동주식 동검 | 비파형동검 | 세형동검 |

따로 만들어 끼운 '비파형동검 문화권'이다.

　　비파형동검 문화권을 살펴보면 고조선의 요하 – 송화강 – 한반도 전역에 걸쳐 비파형동검이 출토되고 있어, 이는 고조선의 문화권이라고 할 수 있다. 청동기 문화의 발전은 부족장이 지배하는 사회를 출현하게 하는 시발점이 되었다. 이들 부족 가운데 가장 강력한 족장이 주변의 부족사회를 통합하면서 권력이 집중화되는 사회로 발전해 나갔다. 이렇게 족장사회에서 가장 먼저 국가로 발전한 것이 고조선이다.

　　칼날이 곧은 중국의 동주東周식 동검과 동물 문양이 새겨진 칼날이 곧은 남시베리아 지역의 오르도스식 동검(청동검)은 이집트나 고대 그리스의 청동 무기와 비슷하다. 칼날이 휘어진 것도 있는 오르도스식 동검은 전투할 때 쓰는 무기라기보다는 동물을 잡거나 자르는 데 사용한 단검이다. 고조선의 비파형동검은 오르도스식 동검이나 동주식 동검보다 과학적으로 발전된 동북아시아 최강의 무기였다. 비파형동검은 곧은 일직선의 검보다 칼날의 앞부분이 뾰족한 상태에서 뒤로 가면서 넓어지며 돌기가 있는데, 인체에 찌르면 근육을 헤집으며 깊이 파고들어 가기 쉬운 구조의 날로 되어 있다.

또한 칼날 중간 부분이 '결입부抉入部'라 하여 U 자형으로 오목하게 일직선으로 파여 있어 인체에 찔렀다가 뺄 때 동주식 동검의 일직선 칼날보다 동검의 가운데에 파여 있는 부분으로 공기가 유입됨으로써 쉽게 빼낼 수 있는 독특한 구조로 되어 있다. 이러한 비파형동검은 많은 병사가 뒤엉켜 백병전을 치를 때 찌르고 빼는 동작을 훨씬 빠르게 할 수 있기 때문에 아주 유리한 무기인 셈이다. 그 후로도 고조선의 비파형동검은 제조기술과 야금기술이 발전하면서 더욱 개량되어 세형동검으로 이어진다.

비파형동검은 칼날과 자루를 별도로 분리해서 주조한 뒤 조립하는 형태로 발전한 '조립식' 청동 단검이다. 이것은 오르도스식 동검이나 동주식 동검의 일체형 제조 방법과 비교하였을 때 생산 방식에서 한층 발전한 단계라고 볼 수 있다. 그 이유는 길고 짧은 여러 종류의 검과 다양한 장식의 제품을 만들어 내는 데 필요한 거푸집의 제작을 줄이고, 부품의 호환성을 갖게 하는 생산 공정의 표준화와 분업화를 이룬 발전된 생산 방식이기 때문이다.

비파형동검 다음으로 청동기시대 후반에 더 세련되고 결입부가 있는 직선형 검신劍身의 길이가 20~40센티미터 정도인 정밀한 세형동검이 출현하였다. 이 동검은 '한국식 동검'이라 불리는 것으로 기원전 4세기 무렵 우리나라 전역으로 퍼져 나갔다. 이 시기는 고조선 준왕과 위만조선시대로서 중국 연燕나라와 대치하여 전쟁을 벌이면서 세력 경쟁을 하던 때이다.

고조선의 세형동검은 기원전 300년쯤부터 우리나라 전역뿐만 아니라 러시아 연해주 지역과 중국 요하 유역의 정가와자鄭家窪子에서도 출토되었고, 일본으로도 건너가 규슈 지방의 야요이시대 독무덤에서도 출토되었다. 세형동검은 동주식 동검보다 제조기술과 디자인에서도 앞서는 등 전 세계 동검 중에서 최첨단 제품임을 입증하였는데 백병전에서의 전투력도 대단한 것으로 평가받고 있다.

중국 역사학자 리쉐친李學勤의 저서《중국 청동기의 신비》에서 보면 동주식 동검은 세부 구조가 봉鋒(칼끝)과 척脊 및 인刃의 세 부분으로 된 일자형 검인 데 비해 세형동검은 칼끝, 피홈, 간면, 등날, 둘째 마디, 허리, 첫째 마디, 등대 밑동, 슴베 등 9개의 명칭과 복잡하고 세련된 구조로 되어 있다.[5] 실제로 동주식 동검과 세형동검을 같이 놓고 비교해 보면 검의 모양과 구조 면에서 고조선의 세형동검이 훨씬 발전된 무기라는 것을 한눈에 알아볼 수 있다.

고대에서 지금에 이르기까지 강력한 성능의 무기로 무장한 군대와 발전된 선진 문화라는 두 가지 요소는 강대국의 우열과 홍망성쇠를 결정하는 중요한 지표이다. 청동기시대에 최첨단 청동기 주조기술을 바탕으로 한 강력한 군대와 발전된 문화를 갖춘 고조선이 동북아시아에서 최강의 제국으로 부상하였음은 자명한 일이다. 이것은 앞에서 설명한 고조선의 비파형동검과 세형동검으로 이어지는 각종 첨단 무기를 비롯한 청동기 제품 유물을 주변 국가의 청동기 제품과 비교 분석함으로써 입증할 수 있다.

04

세계 최초로 주철기술을 발명한 고조선

중국의 덩인커邓荫柯는 저서《고대발명》에서 고대의 주철 제련기술을 처음으로 발견한 지역은 중앙아시아였으나, 용광로가 매우 작고 바람을 불어넣는 힘도 약해 해면철海綿鐵을 제련하는 정도였다고 기술하고 있다. 그리고 중국은 중앙아시아에서 전파한 철기 제련기술을 바탕으로 춘추전국시대 말부터 제철기술을 시작하였는데, 수직 용광로가 주철을 제련하는 주요 설비로 자리하게 되었다고 한다. 특히 한漢나라에 이르러 국가가 경영하는 제철 작업장의 기술이 더욱 정밀해지면서 주철의 대량생산이 가능해졌다고 한다.[6]

그러나 고조선은 중국보다 더 빠른 시기에 독보적 기술로 수직 용철로를 개발해 다양한 주철 제품을 생산하는 기술을 발전시켰다. 북한의 고고학자들이 최근에 발굴한 기원전 7~5세기로 추정되는 무산 범의구석 유적 5호분에서 발굴된 쇠도끼를 실험·분석하였는데 이는 완전히 녹은 상태의 선철로 주조한 것으로 나타났다. 또한 기원전 4~3세기로 추정되는 같은 유적지의 철 유물이 강철로 확인되었다. 이를 바탕으로 우리나라에서 주철을 생산하기 시작한 시기를 기원전 6세기 무렵으로 추정할 수 있다.

철은 자연계에 가장 많이, 그리고 널리 분포되어 있는 금속의 한 종류이다. 그런데도 제철기술은 구리 및 청동 주조기술보다 늦게 알려졌는데, 이는 보통 철의 녹는점이 구리나 청동보다 높고 야금 공정은 복잡하기 때문이다.

철은 탄소의 비율에 따라 크게 연철鍊鐵, 강철鋼鐵, 주철鑄鐵로 나뉜다. 철광석은 청동기 주물 제작에 필요한 800도 내외에서 녹기 시작한다. 여기서 조금 높은 1000도 내외의 열로 뽑아낸 철이 연철이다. 연철은 탄소가 0.01퍼센트 미만으로 거의 환원철 상태인 데다 불순물이 채 녹지 않아서 순도가 낮기 때문에 단단하고 실용적인 철기를 만들기에는 부족하다.

철의 녹는점을 1539도라 하는 것은 순철純鐵의 녹는점을 일컫는 것이다. 그러나 자연계에 흔한 산화철은 700~800도에서부터 산소가 빠져나가는 현상, 즉 환원이 시작된다. 용철로의 온도가 1000도 이상으로 올라가면 철의 환원은 급속히 끝나고 탄소를 흡수하기 시작하면서 녹는점이 낮아져 1200도에서 액체 상태로 변한다. 용철로에서 1200도 이상의 고열로 철광석을 녹이면 액체 상태에서 탄소 함량이 2퍼센트 이상 되는데, 이를 선철銑鐵 또는 주철이라 한다.

선철은 액체 상태에서 주형틀을 이용해 도끼나 솥 같은 주조품을 만들기에 적당하다. 하지만 칼을 만드는 강철은 1500도 정

도의 고온에서 연철에 2퍼센트 이하(보통 0.7~0.8퍼센트)의 탄소를 가하거나, 선철에서 탄소를 제거하는 공정을 거쳐 만들어 낸다. 탄소가 적은 연철은 탄성이 높은 반면에 아주 무르며, 탄소가 많은 선철은 단단하기는 하지만 부러지기 쉽다. 그러나 연철과 선철의 중간 정도의 탄소를 포함하고 있는 강철은 탄성과 강도가 모두 높아 무기를 만들거나 도끼 등 생활도구를 만드는 데 적합하다.

선철은 보통 백색주철과 회색주철로 나뉘는데, 백색주철은 탄소가 탄화물로 결합되어 흰빛을 띤다고 해서 붙은 이름이다. 이와 달리 회색주철은 탄소가 흑연의 형태로 포함되어 겉면에 퍼져 회색빛을 띤다.

백색주철은 다시 탄소 함유량에 따라 아공정 백색주철(탄소 2.0~4.2퍼센트), 공정 백색주철(탄소 4.3퍼센트), 과공정 백색주철(탄소 4.4퍼센트 이상) 등으로 구분된다. 쇠도끼의 금속 조직은 백색주철 및 회색주철이다. 기원전 7~5세기로 추정되는 세죽리, 운성리 등 북한의 고구려 영역에서 출토된 칼과 도끼 등은 백색주철이다.

특히 기원전 6세기를 전후한 고조선인은 이미 질 좋은 강철인 백색주철을 생산할 수 있는 세계 최고의 첨단 제련기술을 개발하였다. 강철 제품의 탄소 함유량은 0.15~1.55퍼센트이며 규소, 인, 유황 등의 함유량도 선철 제품보다 훨씬 낮다. 강철은 탄소 0.25퍼센트 이하의 극연강極軟鋼에서 탄소 1.0퍼센트 이상을 포함하는 극경강極硬鋼에 이르는 여러 종류의 재질로 나뉘는데, 당시에 출토된 칼과 도기 등을 분석한 결과 강철 제품은 연강과 경강(구조용강과 공구강)으로 구성된 것으로 나타났다. 기원전 3~2세기의 세죽리 유적 등에서 출토된 도끼 등의 강철은 강재의 질을 높이기 위해 열처리를 한 사실이 확인되었는데, 이는 고대 제강기술의 발

❙ **주철의 열처리·단조 과정.** 자료: 국립공주박물관에서 촬영

전 측면에서 엄청난 사건이었다.[7]

온도를 조절하면서 열처리하여 단조鍛造한 강철은 대개 조직이 세밀해지고 탄성과 강도가 높아져 무기로 사용하기에 최적의 제품이 된다. 그래서 백병전에서 일반 주철로 만든 칼과 부딪칠 때, 열처리 강철로 만든 칼은 주철 칼을 무용지물로 만들어 버린다. 고조선시대에 강철을 열처리하여 칼을 만들었다는 것은 고조선이 동북아시아에서 중국과 대항하여 막강한 무력을 행사할 수 있는 군대를 보유한 강대국이었음을 시사한다. 조선시대의 장검이나 일본의 사무라이 칼이 유명한 이유도 모두 수십 차례의 열처리와 단조를 거쳤기 때문이다.

특히 철을 제련하는 데 있어 용철로 크기와 풍무(풀무)의 역할은 매우 중요하다. 유럽에서 발견한 기원전 2세기 무렵의 용철로는 규모가 작고 구조도 간단한 연철로로서, 이를 통해 주철기술에서 유럽은 동양보다 700년 정도 뒤진 것으로 판명되었다. 유럽에서 선철이 널리 이용되기 시작한 것은 14세기 무렵이며, 선철에서 강철을 얻는 제련법을 개발한 시기도 대략 이때라고 한다. 그 이전에 사용한 강철은 연철을 단조하여 얻었던 것이다.

중국의 덩인커는 저서 《고대발명》의 〈강철 제련과 철기 제작〉에서 유럽은 중국보다 2000년 후에 백색주철을 발명하였다고 하며 다음과 같이 기술하였다.[8]

"주철 유화기술은 중국 고대 강철산업에서 또 다른 중대한 발명이다. 주철은 제련한 후에 잘 부스러지고 쉽게 부러지기 때문에 단조하여 우수한 철기로 만들기에 부적합하다. 열처리 온도와 방법을 달리하면 단조 철기에 적합한 주철을 만들 수 있다. 이러한 주철에는 백심가단주철(백색주철)과 흑심가단주철(회색주철)의 두 종류가 있다. 백심가단주철은 비교적 높은 경도와 강도를 갖고 있으며, 흑심가단주철은 충격에 강한 성질을 갖고 있다. 백심가단주철은 프랑스인이 1722년에 발명하여 '유럽식 가단주철'이라 부르고, 흑심가단주철은 미국인이 1826년에 발명하여 '미국식 가단주철'이라 부른다."

또한 중국은 기원전 3세기 무렵에 세계 최초로 가단주철을 만드는 제조기술을 발명하였으며 한나라에 이르러 국가 주도로 주철을 대량 생산하였다고 로버트 템플Robert Temple은 저서 《그림으로 보는 중국의 과학과 문명》에서 설명하고 있다.[9] 그런데 고조선인은 이미 기원전 수백 년쯤에 연철과 선철은 물론이고 강철까지 제련하여 사용한 것이다. 이는 고조선인의 철에 대한 지식과 가공기술이 대단하였음을 말해 준다.

중국의 과학기술을 전 세계에 전파한 '덩인커'나 '로버트 템플'은 주철 제조기술을 중국에서 시작하였다고 말하는데, 이는 그들이 최근 우리나라 남북한의 고대 유물 발굴에 따른 청동기나 철기에 대한 과학적인 연구조사 보고서나 유물을 직접 접하지 못한 상태에서 한 주장이다. 이러한 두 저자의 오류 문제는 우리나라가 고대 과학기술에 대해 국내 및 세계에 적극적으로 홍보하지 않은 잘못이 더 크다고 할 수 있다. 고분 발굴에 따라 출토된 철제 유물을 통한 정확하고 과학적인 연대 고증으로 살펴보면, 고조선은 중국보다 300년 앞선 기원전 6세기경에 이미 세계 최초로 백색주철과 회색주철 제조기술을 발명하여 보유하였다.

고조선시대의 다량의 철 생산은 농경에 필요한 혁신적인 농기구의 발명으로 이어져 농업 발전과 인구 증가를 가져왔다. 특히 청동 무기에서 철제 무기로의 전환은 주변 부족사회를 무력으로 통합하여 강력한 국가로 발전시키는 데 크게 기여하였다. 철기문화를 바탕으로 한 고조선은 팔조금법八條禁法의 법치를 통치 수단으로 하는 확고한 정치체제를 갖추었다. 또한 철제 무기를 갖춘 군대를 이용해 요하 지역에서 요동 서북쪽과 한반도 서북쪽으로 영토를 확대하여 대제국을 이루었다. 중국은 춘추전국시대 이후 많은 국가가 250년을 전후하여 흥망을 거듭한 것과 달리 고조선은 2000여 년 동안 대제국의 지위를 유지하였다.

최강의 군사력으로 이룩한 고구려제국

《삼국사기》의 〈고구려본기〉 '시조 동명성왕' 조에도 나와 있듯이, 고조선 강역 내에 있었던 부여국夫餘國에서 태어난 주몽이 졸본부여로 망명하여 고구려를 건국하였다.

특히 부여는 고조선과 고구려, 백제, 신라의 삼한으로 이어지는 우리 민족의 맥을 잇는 중요한 역할을 하였다. 고구려연구재단이 펴낸《고조선·단군·부여》에서는 〈우리에게 부여는 어떤 의미를 가지는가〉란 글을 통해 그 역할을 다음과 같이 기술하고 있다.[10]

"부여는 공식적으로 고조선과 병존했고, 고구려, 백제가 모두 부여를 자기의 뿌리로 인식·자임하고 있었다. 5세기 초의 고구려인들은 〈광개토대왕릉비문〉의 서두에 시조 추모왕, 곧 주몽의 창업 기반이 북부여에서 나왔다고 한 바 있다. 또 472년 백제의 개로왕이 북위에 보낸 외교문서에서 '신의 나라는 고구려와 더불어 근원이 부여에서 나왔습니다'라고 하여 백제의 부여씨 왕실을 고구려와 동족, 동원으로 표현하고 있다."

부여는 기원전 8~7세기에 걸쳐 백두산에서 발원하는 만주 송화강 유역에 있었던 동이족의 한 갈래인 예맥족으로 이루어져 있었다. 부여는 동쪽으로는 읍루(현재 함경도와 연해주 일대)와 인접해 있었고, 서쪽으로는 만주 장춘 지역에 있었던 오환·선비국, 남쪽으로는 백두산 부근의 고구려, 서남쪽으로는 요동의 중국 세력과 대치하고 있었다. 3세기 전후 전성기의 영역은 사방 2000리에 달하는 넓은 평야 지대였으며, 지금의 중국 길림성 길림시가 부여의 중심지였다.

부여는 고조선에서 전래한 비파형동검과 세형동검을 주축으로 하는 청동기와 철기 제조기술로 만든 철제 무기와 활, 창, 마차로 무장한 강력한 군대를 갖고 있었다. 그리고 국경을 맞대고 있던 중국 한나라 및 고구려와 잦은 군사적 충돌을 일으켰다. 당시 강대국의 위치에 있던 한나라와 격렬한 전쟁을 하기도 하였으며, 때로는 정략결혼 등으로 동맹관계를 맺고 북쪽의 선비족과 고구려를 견제하기도 하였다.

최근 중국 길림시의 모아산, 학고동산, 서황산 등 부여의 무덤 유적에서 막대한 양의 철제 무기와 마구,* 공구 및 금·은·옥으로 만든 화려한 장신구, 면주와 비단 등이 발굴되어 부여가 강대한 군사력과 경제력 및 발전된 문화를 가지고 있었음이 확인되었다.

● **마구** 말을 부리고 꾸미는 데 사용하는 기구 및 장식 용품을 말한다.

700여 년의 역사를 이어 온 부여는 북부여와 동부여로 갈라져 세력이 약화된 상태에서 기원후 13~410년까지 다섯 차례에 걸쳐 강대해진 고구려의 침공을 받아 힘겨운 전쟁을 치렀다. 부여는 494년 광개토대왕의 부여 정벌 시 부여 왕실이 스스로 고구려에 항복함으로써 역사의 막을 내렸다. 부여 땅을 점령한 고구려는 부여의 제철기술과 생산력을 바탕으로 첨단 철제 무기로 무장한 강력한 군사력을 보유하게 됨으로써 동북아시아의 강대한 제국으로 성장하게 되었다.

《삼국사기》의 〈고구려본기〉와 《삼국유사》에 따르면 고구려의 건국 시조는 북부여 시조인 해모수의 아들 주몽인데 후계자 문제와 가족의 내분 때문에 부여를 떠나 졸본에 도착하여 나라를 세웠다고 한다. 주몽과 그의 부하들이 망명해 도착한 졸본(현재 중국 길림성 통화와 집안, 장자강, 요하 유역 일대)은 부여의 속국인 구려국句麗國이라는 곳이었는데, 주몽이 구려국을 인수하고 왕으로 등극한 후 구려 이름에 '위대한', '숭고한' 등의 뜻을 가지는 고高를 덧붙여 국호를 고구려라 하였다.

졸본성에서 국내성으로 도읍을 옮긴 고구려는 제6대 태조대왕(재위 53~146년) 때부터 주변국 정복 활동을 활발히 하였다. 고구려는 태조대왕 때부터 시작된 영토 확장 정책을 시작으로 광개토대왕과 장수왕 때에 이르러 최대의 영토를 갖게 되면서 실질적인 동북아시아 대제국을 건설하게 된다.

《삼국사기》나 〈광개토대왕릉비문〉에 등장하는 전쟁 기록 등

광개토대왕릉비
자료:《조선고적도보》에서 발췌

5세기 고구려 영토
자료: 이덕일 외(2007)에서 발췌11

을 종합해 고구려 영역을 살펴보면 동쪽은 연해주, 서쪽은 난하 지역, 남쪽은 예성강에서 충주와 영일만을 잇는 지역, 그리고 북쪽은 흥안령산맥 북쪽 흑룡강 일대까지의 광대한 지역이었다.

중국《후한서後漢書》의 〈동이열전東夷列傳〉 '고구려' 조에서는 "고구려는 요동遼東의 동쪽 1000리에 있으며 남으로 조선朝鮮, 예맥濊貊이 있고, 북으로 부여夫餘에 접하고 지방이 2000리이다"라고 하였다. 이것은 당시 동북아시아 강대국으로서 패권을 다투는 중국 스스로 적대국인 고구려의 강역이 2000리에 이르는 대국이었음을 인정하고 있는 것이다. 조선 후기의 사학자 이긍익이 저술한《연려실기술燃藜室記述》에서는《삼국사기》의 〈고구려본기〉를 인용하여 고구려가 정복하고 거느린 소국이 비류국, 행인국, 북옥저국, 동옥저국, 남옥저국, 양맥국, 구다국, 부여국, 갈사국, 조나국, 주나국, 읍루국, 불함산, 숙신국, 선비국, 해두국, 연나국, 낙랑국, 황룡국, 개마국, 진국, 염사국 등 무려 22개국이라고 하였다. 또한 〈광개토대왕릉비문〉에 나타난 바와 같이 광개토대왕은 '영락永樂'이란 독자적인 연호를 사용하였다. 이처럼 고구려는 중국의 한漢, 수隨, 당唐나라와 같은 시기에 700여 년 동안 동북아시아를 지배한 대제국이며 중국 사서에 표기된 천자天子의 나라였다.

청동에 이어 철의 생산은 무기의 발달을 가져왔고 이로 인하여 전투력의 증대를 가져왔다. 고구려도 건국 후 계속된 주변 국가와의 전쟁 때문에 철제 무기의 수요가 급증하게 되었고, 이에 따라 철 생산지 확보와 생산량 확대가 국가의 주요 목표가 되었다. 700여 년 동안 크고 작은 전쟁을 수없이 치러야 한 고구려는 고조선과 부여로부터 이어받은 제철기술을 더욱 발전시키고 철을 양산하는 체제를 갖추는 데 국력을 기울였다. 막강한 군사력을 유지하기 위해 중요한 것은 철제 무기와 마구 등 전쟁도구를 계속 제작하고 공급하는 것이었다.

고구려는 건국 초기부터 그 당시 철광석이 풍부하게 매장된 것으로 잘 알려진 요동과 발해 연안 북부의 영토 확보에 국력을 모았으며, 이 지역을 확보함으로써 철의 생산이 원활하게 이루어졌다. 그 후 고구려는 자국의 영역인 발해 연안 북부, 요동, 만주 및 함경도 지역에 철광산이 많아 양질의 철을 대량으로 생산하였다. 고대사회에서 동방 민족을 흔히 동이東夷라고 한다. 이 한자를 동방의 오랑캐라고 해석하기 쉬우나 사실은 그렇지 않다. 동이의 '이夷' 자는 '큰대大' 자와 '활궁弓' 자가 결합한 것이다. 이는 동방의 큰 활을 잘 쓰는 민족으로 지칭한 것이다. 발해 연안의 동이 민족은 당시 고조선과 부여 및 고구려를 지칭하는 것으로 동이 민족이 일찍이 무기를 많이 사용하였다고 하는 사실은 중국 《삼국지》의 〈위서〉 '동이전' 등 중국 사서에서 종종 언급되고 있다.

중국 한나라 때 허신이 편찬한 《설해문자》를 보면 철을 흑금黑金이라 하고 철鐵 자의 옛 글자를 '銕'이라고 하였다. 이를 직역하면 곧 '이夷의 금金'이라는 뜻인데, 이夷는 바로 '동이'의 '이'이며, 철이 '동이에서 나는 금'이란 뜻이다. 전국시대 철기 유적의 분포를 보면 주로 발해 연안 북부의 하북성, 요령성, 요동반도의 안산 등지에서 집중적으로 발견되고 있다. 발해 연안 북부의 철 산지 중에서도 우리의 시선을 끄는 곳은 요동반도의 안산이다. 고구려시대 국력의 근간이 되는 철의 주 생산지가 바로 이 지역이었고 지금도 중국 굴지의 안산 제철소가 있다.

고구려는 광개토대왕과 장수왕시대에 걸쳐 100여 년 동안 태평성대를 이루었다. 정치·외교적 안정을 바탕으로 거대한 상업도시가 등장하였고, 광업 생산도 늘어나 철과 금의 경우에는 각종 공산품과 무기의 원자재로 제공되고 그 일부는 주변국과 거래하는 주요 수출품이 되었다. 중국 역사서인 《당서唐書》의 기록 중에 북적北狄인 실위室韋에 대한 기록이 있는데 실위는 철 생산량이 적어 고구려로부터 철을 수입한다고 되어 있고, 《일본서기》에도 고구려가 철로 만든 방패와 과녁을 선물로 주었다는 기록이 있다. 고조선과 부여로부터 최첨단 제철기술을 이어받은 고구려는 철 제련기술을 더욱 발전시켜 동북아시아를 선도하는 기술 강국이 되었으며 철기문화의 선진국으로 발전하였다.

고구려는 최첨단 제련기술로 만든 강철로 칼, 창, 검, 화살촉, 쇠뇌 등 전투에서 적의 무기를 압도할 수 있는 각종 무기와 가벼운 강철편으로 제작된 갑옷과 투구, 각종 마구 등을 대량 생산하였다. 이러한 강철로 된 무기와 군 장비의 대량 생산은 중장기병 군대를 편성하는 데 중요한 역할을 하였다. 강철 무기로 중무장한 중장기병 군대를 통해 고구려는 강력한 군사력을 갖게 되었다. 고구려는 광개토대왕 때부터 막강한 군사력으로 주변 중소 국가를 정복해 광대한 영토를 갖게 되었으며, 중국의 수·당나라와 맞서는 등 동북아시아의 강대국이 되었다.

06
로마 철기병을 뛰어넘는 개마무사

고대 그리스·로마시대에는 전투할 때 전차를 많이 사용하였다. 그러나 전차는 기동성이 떨어지고 운영이 어렵기 때문에 보병과 함께 말을 타고 적진을 돌파하여 싸울 수 있는 기병騎兵*을 양성하기 시작하였다. 고대 마케도니아의 기병은 말이 중무장한 군인을 태우고 달릴 수 없어 창과 칼만 든 채 말을 타고 싸우는 경기병輕騎兵과 보병이 주를 이루었다. 이후 점차 전투에 유용한 힘센 말의 필요성 때문에 말의 품종과 마구의 개량이 이루어졌고, 무거운 철제 무기로 무장한 덩치 큰 군인을 태우고 빠르게 달릴 수 있는 군마가 탄생하게 되었다. 그리고 철제 마갑과 마구로 무장한 튼튼한 군마가 생기면서 철제 투구와 갑옷, 3~4미터의 기다란 창과 칼로 무장한 병사로 구성된 중기병重騎兵이 탄생하게 된다.

특히 알렉산더대왕(알렉산드로스 3세Alexandros Ⅲ)이 친위대로 조직한 '헤타이로이' 정예 기병대가 아케메네스 왕조 페르시아제국의 다리우스 3세Darius Ⅲ와 전투를 벌인 이소스 전투(기원전 333년) 때 전투를 승리로 이끈 주역이 되었다. 그리스에 이어서 로마제국도 강력한 기병대를 두어 광대한 제국을 만들었고, 11세기 초에서 13세기 말 사이에 있었던 서유럽의 십자군 원정 때도 고구려의 개마무사鎧馬武士•와 같은 중무장 기병 전사인 기사Knight가 있었으며, 이슬람 국가와의 전쟁에서 기사의 활약이 돋보였다.

동북아시아에서 중국 은殷나라와 고조선은 전쟁 시에 전차를 사용하였다. 중국은 춘추전국시대(기원전 8~3세기) 때 각 지역 제후와 전쟁을 치르면서 전차를 가장 많이 사용하였다. 춘추전국시대 말에 중국을 통일한 진시황시대에 이르러 전차와 기병이 혼용된 강력한 군진을 갖추어 전쟁을 승리로 이끌었는데, 이는 진시황릉의 병마용갱••에서 출토된 전차 동거마銅車馬와 기병도용騎兵陶俑으로 알 수 있다.

5~7세기 때 중기병을 보유한 로마와 같이 동북아시아의 패권을 다투는 중국의 수·당나라에도 중기병이 있었고, 중국에 대항하여 수많은 전쟁을 치른 고구려에도 중장기병(개마무사) 부대가 있었다. 중국 및 북쪽 초원의 기마병을 가진 유목 민족과 인접해 있는 고구려는 전쟁에 필요한 기병을 체계적으로 양성해야만 하였다. 강력한 기병 군대를 갖추기 위해서는 기병 인력의 양성과

• **개마무사** 고구려나 백제, 신라, 가야 등 한반도 고대 국가의 기병이 철제 갑옷을 입고 말도 철제 마갑(馬甲)으로 무장된 중장기병을 말한다.
•• **병마용갱** 1974년 농민이 우물을 파다가 우연히 발견한 갱도인데 중국 산시성 시안시 린퉁구에 있는 진시황릉에서 1킬로미터 정도 떨어져 있다. 지금까지 4개의 갱도가 발견되었고 흙을 빚어서 만든 수많은 병사와 말 등의 모형이 발굴되었으나 아직도 상당수는 흙 속에 묻혀 있을 것으로 추정된다.

| 전차와 기병이 부조된 중국 한나라시대 무덤 전돌. 자료: 국립중앙박물관에서 촬영

훈련, 철제 무기와 갑옷 및 철제 마구의 양산_{量産}이 필수적이었다. 이에 고구려는 말을 유능하게 다루고 달리는 말 위에서 활을 잘 쏠 수 있는 기병을 양성하는 데 힘을 쏟았다.

기마궁사를 양성하기 위해 유년 시절부터 유목민처럼 말타기를 생활화하고 18세까지 말 위에서 자유자재로 활을 쏘는 연습을 하게 하였다. 이러한 기마궁사의 훈련은 고구려 벽화에서 말을 타고 사냥하는 그림에 잘 나타나 있다. 말도 끊임없이 종자를 개량하고 훈련을 하여 우수한 전마_{戰馬}를 양성하는 데 주력하였다.

고구려가 말을 중시하는 대목이 《삼국사기》의 〈온달전〉에도 나오는데 평강공주가 온달에게 국가에서 직접 관리하는 국마_{國馬}라는 말을 선택하도록 권유하는 내용이 있다.

철기병이 타는 천리마라고 불리는 말은 키가 3척(90센티미터) 정도밖에 되지 않아 말을 타고서도 과실나무를 지나갈 수 있어서 과하마果下馬라고도 불렀다. 이처럼 키는 작지만 힘이 넘쳐 산을 잘 올랐고 물에 쌀을 타서 먹이면 종일 걸어도 지치지 않았다고 한다.

고구려가 수적으로 우위에 있는 중국의 백만 대군이나 북쪽 선비국의 흉포한 군대와 맞서 싸울 수 있었던 것은 기동성이 뛰어난 기병과 훈련이 잘된 보병을 갖춘 막강한 군사력이 있었기 때문이다. 황해도 안악군에 있는 안악 3호 고구려 고분에는 군사 행렬도가 있다. 이 행렬도를 살펴보면 무덤의 주인공이 가마를 타고

| 고구려 벽화 〈무용총 수렵도〉. 자료: 《조선고적도보》에서 발췌

가는데 그 주위를 기병, 보병, 궁수, 도부수, 군악대, 의장대가 호위 병사로서 질서 정연하게 행진하는 것을 볼 수 있다.

훈련이 잘되고 힘이 좋은 천리마를 타고 달리면서 창과 칼을 잘 쓰는 기병은 간단한 무장을 한 경기병, 그리고 말과 사람이 갑옷으로 무장한 중장기병으로 구분된다. 병사와 말이 장갑으로 보호된 최강의 공격력을 자랑하는 중장기병의 주 임무는 적의 선봉 대형을 파괴하는 것이다. 중장기병은 긴 창을 앞으로 내밀고 빠른 속도로 돌진하여 적의 전면 밀집 대형이나 쐐기꼴 대형을 뚫고 적진을 허문다. 물론 중장기병이 돌격할 때는 적도 무수한 화살을 쏘아 댄다. 이때 달리는 기병이 입고 있는 철로 된 찰갑札甲*과 투구 및 철제 마구가 날아오는 화살로부터 기병은 물론 말도 보호하는 중요한 역할을 한다.

기병은 전투의 맨 앞 전선에서 격렬하게 창과 칼 및 도끼로 충돌하기 때문에 중장기병은 사람뿐만 아니라 말도 얼굴과 머리, 발목 등 노출된 부분에 사용되는 갑옷과 투구 및 손목 가리개 등에 모두 강철편을 사용하였다. 고구려가 만든 강철 무기와 마구는 중국이나 주변 국가가 사용한 일반 철제 무기보다 재료 면에서 한 수 우위에 있기 때문에 무기가 부딪치는 기병과 보병의 전투에서 쉽게 적을 격퇴할 수 있었다.

고구려 철기병이 역사 기록에 처음으로 등장한 것은《삼국사

● **찰갑** 작은 쇳조각을 두들겨 편 다음 그것들을 연결해서 만든 쇠비늘 갑옷을 말한다.

기》에서이다.《삼국사기》를 보면 고구려 동천왕이 위나라 장수인 관구검이 침략해 왔을 때, 철기병을 이끌고 나가 양맥곡에서 싸웠다는 기록이 있다. 개마무사라고 불리는 중무장한 철기병이 투구를 쓰고 철편으로 이어서 만든 찰갑 옷을 입고 철제 마갑을 씌운 말을 타고 긴 창을 휘두르며 위풍당당하게 달려가는 전투 모습을 고구려 지안현 서안 12호 고분 벽화에서 생생하게 보여 주고 있다.

고대 정복 국가에서 무기는 지금과 마찬가지로 매우 중요하였다. 고구려는 풍부한 철의 생산과 첨단 제련기술로 강력한 무기를 만들 수 있었던 것으로 여겨진다. 고구려 군사력의 주요한 바탕은 우수한 제철기술로 만든 강력한 무기에 있다. 무기는 크게 공격용 무기와 방어용 무기로 나누어진다. 공격용 무기는 활, 창, 쇠뇌, 칼, 도끼 등이 있고, 방어용 무기는 갑옷과 투구, 방패가 대표적이다.

적과의 전투에서 위력을 발휘하는 것은 활과 칼인데 고구려의 활은 길이가 짧은 단궁短弓으로 성능이 우수해서 당시 중국까지 널리 알려져 있었다. 칼 또한 칼날이 부딪칠 때 잘 부러지지 않는 최고 품질의 환두대도를 애용하였다. 연개소문도 칼 다섯 자루를 차고 다녔다는 이야기가《삼국사기》의 〈개소문전〉에 보이는데 그 내용은 다음과 같다.

"스스로 막리지가 되니, 그 벼슬이 당의 병부상서와 중서령의 직을 겸한 것과 같다. 이에 원근을 호령하고 국사를 전제하여 매우 위엄이 있었으며, 몸에 칼 다섯 자루를 차고 있는데 좌우의 사람들이 감히 쳐다보지 못하였다."

연개소문이 칼 다섯 자루를 차고 다녔다는 것은 중국의 《구당서舊唐書》와 《신당서新唐書》에도 기술되어 있다. 당나라 장수 설인귀와 연개소문이 나오는 중국의 경극京劇에도 연개소문이 칼 다섯 자루를 차고 나온다. 고구려 장수가 전투 때 사용하는 비도술飛刀術 또는 비검술飛劍術이라는 것이 있는데 이는 말을 타고 달리면서 다섯 자루의 칼을 적장에게 날리는 마상 검술로 고구려를 침략한 수·당군에게는 공포의 무술이었다.

고구려 삼실총 무사 벽화
자료: 《조선고적도보》에서 발췌

| 고구려 철제 환두대도. 자료: 국립청주박물관에서 촬영

칼의 길이는 대부분 1미터 남짓이며 간혹 30센티미터 정도의 짧은 것도 있는데, 칼 몸이 휘어져 있는 것은 주로 자르는 데 사용하기 때문이다. 고구려 기병 5000명이 침략자인 위나라군 8000명의 목을 잘랐다는 기록으로 보아 칼은 적을 찌르는 데 사용하지 않고 말을 타고 달리면서 적의 목을 자르는 데 사용한다는 것을 알 수 있다.

창도 다양하게 있었다. 《후한서》에 예족은 보병전에 능하며 30자(9미터)나 되는 긴 창을 여러 사람이 함께 들고 다녔다고 되어 있다. 예족이 고구려에 복속된 만큼 고구려인도 이러한 긴 창을 분명히 사용하였을 것이다. 삭矟이라는 창도 있는데 그 길이는 18자(5.4미터)나 되었다고 한다.

또한 군인과 말 갑옷 모두 강철편을 사용하였다. 기병이 자유롭게 활동하려면 무엇보다 먼저 말 갑옷과 등자鐙子● 그리고 말안장이 필수이다. 철갑옷으로 중무장한 무사가 말을 타고 달리거나

● **등자** 말에 오를 때나 타고 있을 때 두 발을 디딜 수 있게 만든 걸이 모양으로 생긴 받침대를 말한다.

철제 등자(상)와 철제 찰갑(하)
자료: 국립나주박물관에서 촬영

말 위에서 적군과 싸울 때 무엇보다 중요한 것은 균형이다. 이 균형을 잡는 역할을 해 주는 마구가 등자이며 쇠로 만든 등자를 애용하였다.

동북아시아에서 출토된 것으로 확인된 등자 중에서 고구려 국내성 근교(현재 중국 길림성 집안시)의 칠성산 96호분에서 출토된 금동제 등자가 유물의 과학적인 연대 측정에 따라 4세기 초의 것으로 추정되었다. 중국은 북연의 풍소불(415년 사망) 무덤에서 최초로 등자(중국에서는 마등馬鐙이라고 칭함) 유물이 출토되었다.[12] 출토된 유물의 연대로 따져볼 때, 중국은 고구려보다 100년 후쯤

인 5세기 때 등자를 사용하였고 유럽은 이보다 더 늦은 8세기 무렵에서야 처음 등자를 사용하였다.[13]

기병의 전투에 편리한 등자는 고구려에서 사용하다 중국으로 전파하였고, 이후 몽골 및 시베리아 기마 민족으로 퍼져서 수 세기 후에는 전 세계적으로 사용한 것으로 보인다. 또한 고구려의 주철기술로 만든 찰갑이나 투구 및 마구 등은 백제, 신라 및 가야와 일본인 왜倭로 전래되었다. 최근 고구려 및 신라와 가야 고분 등에서는 완전한 형태의 찰갑과 마구가 발견되고 있어 당시의 무기체계를 확인할 수 있다.

고구려가 전성기이던 5세기 무렵 유럽에는 세계 최고의 철기병 군단을 거느린 로마제국이 있었다. 만약 로마 철기병 군단과 고구려 개마무사 군단이 전투를 벌였다면 어느 군대가 승리를 하였을까? 이는 쉽게 가늠하기 어려운 문제이다. 로마 병사의 대표 무기는 말을 타고 달리면서 적군에게 던지는 필룸Pilum이라는 긴 창(보통 1.5~2미터)인데, 이는 고구려 병사가 쓰던 긴 창과 비슷하지만 고구려의 창(5.4미터)이 2배 이상 길었다. 그리고 로마 철기병의 갑옷은 통 철판으로 만든 판갑板甲을 주로 사용하였는데 고구려 개마무사는 작은 철판 조각을 이어 만든 찰갑을 사용하였다. 판갑은 무거운 데다가 몸을 자유롭게 움직이기 힘들기 때문에 실제 전투에 임하면 찰갑에 비해 효율성이 크게 떨어질 수밖에 없다. 그러므로 갑옷을 놓고 비교해 보면 고구려 보병이 훨씬 유리하다고 할 수 있다. 유럽에서 철기병 갑옷의 재료가 판갑에서 찰

갑으로 바뀐 것은 8세기 이후 비잔틴제국 무렵이다.

　　말을 타고 달리는 로마 철기병과 고구려 개마무사는 기병 형태로 보면 비슷할 수 있으나 개마무사에게는 등자가 있어서 기병이 말 위에서 자유롭게 움직일 수 있었다. 말 위에서 활을 쏘거나 칼을 휘두를 때도 자세가 전혀 흐트러지지 않게 안정을 유지할 수 있었던 것이다. 이렇게 무기와 등자 등에 따른 전투력의 차이가 상당하기 때문에 로마 철기병 군대와 고구려 개마무사 군대가 정면으로 맞붙어 전투를 한다면 능히 고구려 군대가 로마 군대를 격파할 수 있을 것이다. 다음과 같이 무기체계와 전투능력을 비교해보면 고구려는 이미 4~5세기에 세계 최고 수준의 강력한 군대를 가지고 있었음을 알 수 있다.

고구려 개마무사와 로마 철기병 비교		
구분	고구려 개마무사	로마 철기병
사용 무기	창(5.4미터), 검, 활(단궁)	창(1.5~2미터), 검
보호구	철제 찰갑 및 투구	통 철갑 및 투구
마구	철제 마갑 및 등자 사용	마갑 및 등자가 없음
전투능력	말 위에서 몸놀림이 자유롭고 위력적인 긴 창과 단궁을 사용하며 백병전에서는 긴 환두대도를 사용	말 위에서 동작이 부자연스럽고 던지는 창은 일회용이며 백병전에서는 검을 사용

고구려가 중국을 비롯한 주변 국가와 수많은 전쟁을 치르면서도 전 세계에 유래를 찾기 힘든 700여 년이라는 긴 시간 동안 강대국으로 남을 수 있었던 것은 최첨단 철기 주조기술을 가지고 철제 기구를 대량 생산할 수 있는 국가체제와 강력한 군대를 갖추었기 때문일 것이다.

고대부터 현대에 이르기까지 강대국의 선결 조건은 국가체제나 경제부국의 확립이겠지만, 군사적 측면에서 강력한 군대를 갖추고 상대 국가보다 월등한 무기를 보유하는 것도 중요한 요소이다.

16세기 유럽의 강대국인 스페인이 1532년 잉카제국을 침공해 황제 아타우알파Atahualpa를 생포하고 이듬해 수도 쿠스코마저 침공해 잉카제국을 점령한 역사를 보더라도 전쟁에서 무기가 얼마나 중요한 역할을 하는지 알 수 있다. 잉카제국은 당시 신세계로 알려진 아메리카 대륙에서 문명이 가장 발달한 국가였으며, 아

찰갑을 입은 고구려 개마무사
자료: 국립중앙박물관에서 촬영

16세기 유럽 십자군 중기병
자료: www.metmuseum.org/toah

타우알파 황제는 절대권력을 행사하는 제국의 군주였다. 그러나 스페인의 정복자 피사로Francisco Pizarro는 말을 탄 기병 62명과 보병 106명으로 구성된 168명의 군사만으로 8만여 명에 달하는 잉카제국 대군을 격파하고 아타우알파 황제를 생포하였다. 게다가 더 놀라운 것은 스페인 군대에서는 단 1명의 전사자도 없었다는 것이다.

피사로가 잉카제국의 황제 친위대를 뚫고 황제를 사로잡을 수 있었던 것은 월등한 무기 덕분이었다. 당시 잉카제국의 군대가 가진 무기는 고작 돌, 청동기, 나무 곤봉, 갈고리 막대, 손도끼, 그리고 물매*로 갑옷과 말도 없는 2000년 전 청동기시대의 군대에 불과하였는데, 이와 달리 스페인 군대는 몇 자루의 총과 강철로 만든 긴 장검, 창, 갑옷 등으로 무장한 기병과 보병으로 이루어져 있었다.

스페인 군인 168명은 공포를 불러일으키는 화승총 몇 발을 선제공격으로 인디언에게 쏘아 혼란하게 만든 후, 장검과 창으로 소 떼를 도살하듯이 7000여 인디언 군대를 질풍같이 뚫고 들어가 황제를 사로잡고 잉카 대군을 굴복시킨 것이다.[14]

잉카제국의 멸망에서 보듯이, 다른 국가보다 월등한 첨단 무기를 보유한 국가가 강력한 군사력을 갖게 되고 또 이러한 우수한 군사력을 갖추어야만 강력한 국가가 될 수 있다.

* **물매** 원심력을 이용하여 돌을 던지는 기구를 말한다.

고조선 때부터 이어져 온 최첨단 철강 제조기술과 강력한 무기로 무장한 군대체제를 갖춘 고구려가 700여 년 동안 동북아시아 최강의 제국으로 군림한 사실은 기록으로 남아 있는 각국의 사료와 출토된 유물의 과학적 고증으로 밝혀진 진실이라 하겠다.

제2부

나노기술을 사용한
고대 금속공예품

01
고조선의 청동기 금속공예 기술

우리나라는 기원전 2700년 무렵 환웅천왕이 개국한 환국桓國의 치우천왕시대에 청동으로 만든 무기와 마구 및 농기구 등을 사용하였다는 기록이 중국 역사서인《사기》에 남아 있다. 과거 고조선 영역이던 발해 연안 북부 중국 하북성 당산시의 대성산 유적지와 한반도 여러 지역의 고인돌무덤에서 출토된 청동기靑銅器로 연대를 고증한 결과에 따르면, 기원전 10세기 전후의 청동기시대가 금속공예의 시작기이다. 청동기시대의 고분에서 출토된 동검, 동경銅鏡(청동거울), 마구나 제사 의기 등의 금속공예품은 삼국시대로 접어들면서 세련되고 미적으로 완성된 귀금속 제품으로 발전하였다.

우리나라 최초의 금제 세공품으로 평가받는 평양 석암리 9호 고분에서 출토된 2세기 무렵 마한의 금제 띠고리나 신라와 백제의 고분에서 출토된 금관, 금귀고리, 금팔찌, 곡옥, 유리 제품 등은 우리 선조가 일찍부터 뛰어난 금 세공기술과 보석 가공기술을 가지고 있었다는 사실을 말해 준다. 특히 신라 천마총의 금관과 새 모양의 관식冠飾,• 부여에서 출토된 백제금동대향로 등을 보면 금세공기술에서 세계 최고인 것으로 알려진 페르시아Persia보다 훨씬 더 아름답고 뛰어난 귀금속 세공기술을 가지고 있었음을 알 수 있다.

우리가 세계에 자랑할 만한 고대의 청동 제품과 귀금속 등의 유물은 창의적인 디자인과 고도의 세공기술로 만들어진 예술품이다. 지금도 우리나라가 귀금속과 보석 분야에서 다른 국가보다 높은 수준의 금속공예 기술을 가지고 있는 것은 어쩌면 고대 선조로부터 수천 년간 이어져 내려온 금속공예 유전자를 갖고 있기 때문일지도 모른다.

청동기시대부터 금속은 전 세계 모든 인류가 다양한 방법으로 제작하여 사용해 왔으며, 가공에 따라 제품의 실용성이나 아름다움을 추구해 왔다. 그리고 현대에 이르러 기술이 더욱 발전되어 공예품부터 산업용품에 이르기까지 광범하게 각 분야에서 사용하고 있다.

고대부터 금속은 오금五金이라 하여 금, 은, 동, 철, 주석을 말하는데, 이 다섯 가지가 금속의 기본 재료이다. 인류는 기본 금속 재료에 아연, 규소, 인, 유황 등의 첨가제를 섞어 용도에 맞게 적절한 합금을 만들어 사용해 왔다. 금속은 미적인 측면에서 색채, 광

• **관식** 머리에 쓰는 관에 장식적인 효과를 내거나 종교적인 의미를 나타내기 위해 관에 부착하는 보조용품을 말한다.

택, 질감에 따라 다양한 아름다움을 가질 뿐만 아니라 실용적인 측면에서도 단단한 성질, 재생 가능한 성질, 열에 대한 내성과 전도성, 쉽게 파괴되지 않는 보존성 등이 있고, 석재나 목재 등 다른 재료보다 경제성도 가지고 있어 인류 문화의 발전을 앞당기는 데 기여하였다.

그러나 금속은 생산과 가공 과정에서 어려움이 많아 금속이 지닌 독특한 특성을 잘 알고 적절히 이용하여야 한다. 금속의 가공기술로 열을 가해서 용해하는 점을 이용한 주조鑄造기법이 발전하였고, 두드리면 늘어나는 특성을 활용한 단조鍛造기법, 그리고 거기에서 파생한 타출打出기법 및 압출壓出기법 등이 응용되면서 발전하였다.

이러한 기법 이외에도 금속을 꿰뚫거나 금속 표면에 무늬를 새기는 가공기술인 선조線彫, 어자문漁子紋, 상감象嵌, 투조透彫 등의 기법이 발달하였다. 이러한 금속공예 기술은 고조선의 청동기문화에서 발전하기 시작하여 삼국시대를 거쳐 고려시대의 상감 금속공예품에 이르기까지 아름다운 한민족 금속공예문화를 만들어 냈다.

신석기시대의 부족사회는 가공이 어려운 마제석기를 사용하다가 청동기의 제조기술을 터득하여 동일한 물품을 다량으로 제작하는 것이 가능해졌다. 사용이 편리하고 기능이 뛰어나서 무기나 농업에 필요한 기구 모두 청동기 제품으로 발전하였다. 처음에는 제조기술이 미흡하여 매우 거친 상태의 주조 제품을 만들어 사용하였지만 점차 제조와 공예 기술이 향상되어 질 좋은 제품을 만들어 사용하게 되었다. 기원전 10세기 무렵부터 청동으로 제작된 예기禮器, 병기兵器 및 농업과 생활용품 등이 대량 보급되면서 약 1600년 동안 청동기문화의 전성기를 맞이하였다. 이로 인해 각종 금속공예 기술이 발전하였고 삼국시대를 거쳐 통일신라시대에 이르러서는 화려한 금속공예품이 등장하였다.

구리는 손으로 힘을 가해도 휘어질 만큼 약한 금속이기 때문에 다른 금속이나 물질을 섞어 굳힌 합금으로 만들어 사용한다. 청동이란 흔히 구리銅, cooper에 주석tin 또는 비소를 넣은 합금을 말한다. 구리에 주석을 10퍼센트 정도 섞으면 굳으면서도 원래의 유연한 성질은 남아 있어 잘 부러지지 않기 때문에 칼 같은 무기에 적합하다. 주석의 함량을 20~30퍼센트로 올리면 백동이 되어 강철처럼 강도는 높지만 부러지기 쉬워져 무기에는 적합하지 않기 때문에 거울 같은 데 쓰인다. 그리고 진유眞鍮, 황동黃銅으로 불리는 금속은 구리와 아연의 합금으로, 우리나라의 놋그릇도 이를 사용한 것이다.[1]

청동은 합금 비율에 따라 금속의 성질이 달라진다. 청동기 제품은 용도와 형태에 따라 합금 제조기술, 즉 주조기술이 달라지며 이로 인해 금속가공 기술이 변화해 왔다. 합금은 두 가지 이상의 금속을 녹여서 섞어 만드는 제련기술인데 당시는 두 종류의 기술이 사용되었고 이 제련기술로 여러 가지 청동의 합금이 가능해졌다. 첫 번째 기술은 합금에 이용할 각각의 금속을 녹인 후 하나의 통 속에 넣어서 섞어 만드는 방법이고, 두 번째 기술은 정련된 금속을 일정한 비율로 섞은 다음 녹이는 방법인데 대체로 두 번째 방법이 널리 사용되었다.

청동 제품은 도가니˙에 녹아 있는 쇳물(합금 용액)을 만들고자 하는 용범鎔范˙˙에 부어서 주조한다. 우리나라 청동기의 주조에는 돌을 가공하여 만든 석형石型, 밀랍蜜蠟으로 만든 납형蠟型, 흙으로 만든 토형土型 등이 사용되었다. 석형은 물러서 잘 파지는 활석

| 도끼 석형 용범. 자료: 국립경주박물관에서 촬영

●　도가니　금속을 녹일 때 사용하는 그릇을 말한다. 아직 선사시대의 도가니가 출토되거나 발견된 적은 없으나 신라시대의 도가니는 경주 안압지에서 출토된 사례가 있다.
●●　용범　거푸집이라고도 부르며 금속 제품을 만들기 위하여 쇳물을 부어 넣는 틀을 말한다.

滑石이나 편암片岩으로 만든 용범이 전해지고 있다. 전라남도 영암, 경기도 용인, 북한의 평양 부근에서 출토된 용범은 동경, 동도끼, 동검 등 청동 제품을 주조하는 거푸집이다. 이것은 2개의 활석판 양면에 원하는 기구의 원형을 새겨서 위아래를 붙인 하나의 틀로 이루어져 있다. 칼이나 도끼 등은 양면이 같기 때문에 석형으로 주조가 가능했지만 동방울 등은 용범의 내외부를 각기 다른 형태의 흙으로 구워 만든 토형을 사용하고 주조가 완성되면 토형을 부수어서 제품을 얻은 것으로 추측된다. 청동 제품의 겉 문양이 좀 더 정교한 장신구나 의기儀器의 고리 등은 밀랍을 이용한 납형을 사용한 것으로 보인다.

납형을 만들기 위해서는 첫 번째로 꿀벌집으로 만든 밀랍과 소나무 송진으로 된 송지松脂를 섞어 만든 재료를 사용한다. 이것으로 만들려고 하는 제품의 모양을 빚고 그 위에 문양을 새겨서 동검자루 같은 밀랍 제품을 만든다. 이 밀랍 제품 양쪽에 쇳물을 붓는 주입구와 쇳물이 흘러들어 가기 쉽도록 홈을 파 주고, 또 가스 배출구를 빚은 다음 그 주위에 고운 흙으로 반죽한 걸쭉한 진흙을 바르고 다시 거친 진흙을 두껍게 덮어 건조하여 만든 토형 거푸집을 납형이라 한다. 이렇게 굳은 토형 거푸집에 열을 가해 안에 있는 밀랍이 녹아 나오면서 생긴 공동부를 식힌다. 그리고 이 토형의 쇳물 주입구로 도가니에 녹아 있는 쇳물을 부어 넣어서 식힌 다음, 토형을 부수어서 원하는 청동기 제품을 만들어 내는 방식이다.

토형이나 납형의 용범은 용범 하나에 물건 1개밖에 만들 수 없고, 밀랍 재료도 상당히 귀한 고가라서 이런 용범으로 만든 의기나 장신구는 자연히 왕을 비롯한 왕족이나 권력자 및 제사장이 사용하는 물품이었다.

청동방울인 국보 제146-1호 팔수형동령八手形銅鈴은 기원전

팔수형동령
자료: 국립중앙박물관에서 촬영

청동 제품인 금동 용머리 장식
자료: 국립경주박물관에서 촬영

3~2세기 고조선시대 때 제작된 것으로 강원도에서 출토되었다. 이 청동방울은 납형 용범으로 제작된 대표적인 청동기인데 중앙에 있는 8개 방향의 광채 형태를 중심으로 이 광채에서 방울로 자연스럽게 이어지는 듯한 4중의 디자인이 돋보이는 제품이다. 이 청동방울은 최고 권위에 있던 제사장이 하늘에 제사를 지낼 때 사용하였거나 또는 왕이 위엄을 나타내기 위해 국가 의식에 사용한 것으로 추측된다.

청동기시대 금속공예 기술은 토기에 사용되는 것처럼 용범의 표면에 선線을 긋거나 문자 또는 구멍에 흠집을 내는 아주 초보적인 주조기술에서부터 시작되었다. 청동기 주조 제작 공정에서 쇳물이 잘 흐르지 않아 제품에 빈 곳이 생겼을 때, 다시 쇳물을 붓거나 철편을 두드려 때우는 방법이 시도되어 자연스럽게 초보적인 상감象嵌기법은 알게 된 것으로 보인다. 이로 인해 금속공예의 기법은 쇳물을 부어 만드는 주철鑄鐵기법과 쇠를 두드려서 만드는 단철鍛鐵기법에서 변화와 발전을 통해 이루어지게 되었다.

철을 정련한 강철鋼鐵을 작업 공구로 사용하게 되면서 여러 가지 조금彫金기법이 생겨났고, 청동기의 상감기법은 이후 도자기의 상감기법으로 이어져 더욱 발전하였다. 이러한 기술은 고구려와 백제 그리고 신라로 이루어진 삼국시대로 이어지면서 더욱 화려하고 발전된 금속공예 기술을 가지게 되었다.

금제, 은제, 금동제의 장신구는 재료를 얇게 펴서 만든 판금板金에 투조 및 선각, 누금 세공, 도금鍍金 등의 기법을 이용하여 제작한 것으로 그 종류도 다양하다. 마구馬具와 무구武具 중에는 주조를 이용한 제작과 조금기법을 이용한 장식이 돋보이며, 생활도구에도 주금기법과 단금기법, 그리고 조금기법과 도금기법 등이 골고루 이용되었다.[2]

02
최첨단 나노기술 제품인 다뉴세문경

거울은 동서고금을 막론하고 자기인식, 지혜, 초자연적이고 신神적인 지성을 반영한다. 거울에 비친 영상은 현실의 세계이자 인간의 자기인식이다. 동양의 도사와 서양의 마법사의 소지품으로 거울이 자주 등장하는 것은 이것과 맥을 같이하는 것으로 보인다. 중국 도가道家의 책인《포박자抱朴子》를 보면 거울에는 마법과 같은 힘이 있다고 믿는 다음과 같은 구절이 나온다.

"옛날 입산수도하는 도사는 모두 밝은 거울을 등에 달고 갔기 때문에, 요귀들이 감히 접근을 못 했을 뿐만 아니라 그 모습이 모두 거울 속에 보였다. 이것을 조요경照妖鏡이라 부른다."

종교 의례의 장엄구로서 동경銅鏡(청동거울)이 사용된 것은 석가탑과 미륵사, 월정사의 출토품에서도 알 수 있다. 불교에서는 거울이 진리와 깨달음을 얻는 정신과 형상을 나타낸다고 한다. 반사된 빛으로서의 거울은 윤회를 나타내기도 하는데, 중국 불교에서 거울은 팔보 중 하나로 취급된다.

고대에 청동거울은 제조에 한계가 있는 희귀성 제품이었고 아주 중요한 물건으로 여겼기 때문에 제정일치祭政一致시대의 제사장이나 통치자만 사용할 수 있는 권위의 상징물이었다. 청동거울은 대부분 둥근 형태이지만 네모나거나 꽃 모양 등 다른 여러 형태도 있다. 대개는 중앙에 꼭지가 있으며 앞면은 갖가지 동식물 및 기하학적인 무늬가 조각되어 있고 뒷면은 거울로 볼 수 있는 평면으로 되어 있다. 실제로 청동기의 금속공예는 청동거울에서 시작하였다고 해도 과언이 아니다.

청동거울은 동서양을 막론하고 다양하게 제작되고 사용되었다. 동북아시아의 청동거울은 대부분 손잡이가 없는 원형이고 이집트 및 그리스·로마 제품은 사용하기 편리하게 손잡이를 부착한 것이 많은데, 이는 동서양의 문화와 정서의 차이라고 볼 수 있다. 이집트 신왕국시대 제18왕조(기원전 1570~1293년)의 무덤이 있는 사카라에서 발굴된 청동거울은 젊은 여자 몸종이 나체로 서 있는 모습의 손잡이에 타원형 거울이 붙어 있는 형상이다. 굴곡 있는 몸매를 갖춘 여성의 모습은 출산으로 상징되는 생명력을 강조하고 있고, 여인의 머리에서 양 갈래로 솟아난 파피루스 꽃잎 또한 생명의 탄생과 관련이 있다고 한다.

청동기시대의 제품 중 청동거울은 그 분포 범위가 중국 동북 지방과 한반도 전역 및 일본 열도에 이른다. 고조선인이 사용한 청동기 유물 중에서 가장 주목하고 싶은 것은 청동거울인 세문경

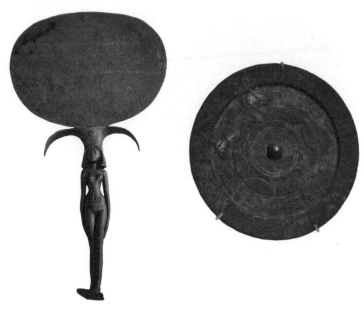

細文鏡*이다. 청동거울의 손잡이인 꼭지가 2개인 것을 다뉴경 또는 다뉴세문경이라 부른다. 다뉴경의 크기는 지름이 최대 225밀리미터에서 최소 80밀리미터로 다양하며 100~150밀리미터 정도가 대부분이다.

세문경은 세형동검과 함께 출토되는데, 제작 시기는 고조선의 후기 청동기시대부터 초기 철기시대까지로 알려져 있다. 세문

●　**세문경**　청동기시대 후기에서 철기시대 초기까지 유행한 청동거울로 잔무늬거울 또는 고운무늬거울이라고도 부른다.

고조선 조문경
자료: 국립중앙박물관에서 촬영

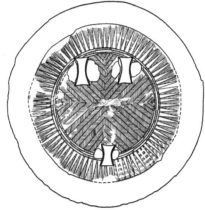

함평 초포리 출토 세문경 문양
자료: 전지은(2013) 석사학위 논문에서 발췌3

경은 우리 고유의 기술로 우리나라에서만 제작된 것으로 추정되며, 현재 출토된 것이 약 31개(평안남도 대동강 유역 4개, 충청남도 금강 유역 7개, 전라북도 만경강 유역 9개, 전남 영산강 유역 5개, 기타 지역 6개)인데, 이는 오로지 한반도에서만 출토되는 우리 고유의 문화유산이다.

　　세문경은 문양이 조잡한지, 정밀한지에 따라 조문경粗紋鏡 또는 다뉴조문경과 다뉴세문경으로 구분된다. 조문경은 대체로 기원전 800~200년 무렵의 비파형동검과 초기 세형동검의 시기이고, 다뉴세문경은 기원전 200~50년 무렵의 세형동검 중기에서 후기로 분류된다. 조문경은 중국 동북 지방(고조선 영역)과 일본 열도에서도 일부 출토된 것이 있다.

중국 거울이나 후대의 거울은 평면이나 볼록(凸)면인 반면 고조선의 다뉴세문경은 약간 오목(凹)면이다. 오목거울은 빛을 모아 불을 일으킬 수 있다는 점에서 제정일치시대의 권력자용이었을 가능성이 크다. 고조선의 조문경 또는 세문경은 기능적인 면뿐만 아니라 거울 뒷면의 무늬가 다양한 모양의 기하학적인 선과 원으로 구성된 매우 정밀하게 제조된 청동거울이다.

특히 1960년대에 충청남도 논산에서 출토되어 숭실대학교 박물관이 소장하고 있는 다뉴세문경은 지름 21.2센티미터의 크기로 현존하는 다뉴세문경 중 가장 정교한 것이다. 이 다뉴세문경은 1971년 국보 제141호로 지정되어 발표되면서 나노기술에 가까운 초미세기술로 주조된 것으로 밝혀졌다. 이 발표 이후로 역사 및 과학기술 분야의 전문가들이 2400년 전의 동경 제작기법에 커다란 관심을 갖게 되었다. 이에 따라 고조선 지역에서 출토된 다뉴세문경의 제작기법에 관해 역사학자와 대학연구소 등에서 많은 연구와 논문 발표가 이어졌다. 정동찬은 1999년에 발표한 논문에서 다뉴세문경이 밀랍거푸집으로 제작되었을 것이라고 주장하기도 하였다.[4] 이건무는 2005년에 발표한 〈한국 선사시대 청동기 제

작과 거푸집〉에서 활석거푸집으로 제작되었을 것이라고 주장하였다.[5]

특히 한국 첨단 과학기술자들이 모여 연구하고 있는 한국과학기술연구원KIST: Korean Institution of Science and Technology에서도 복원 제작을 시도하였지만 완벽한 복원에는 실패한 바 있다. 이로인해 현대 과학기술로도 복원이 어려운 다뉴세문경을 2400년 전에 어떤 기술로 만들었는지 궁금증이 증폭되어 지구에 온 우주인이 만든 것이라는 주장 등 온갖 사이언스 픽션SF과 같은 소문이퍼지는 사태가 벌어졌다.

2005년부터 동국대학교 문화예술대학원의 곽동해 교수와철물 주성장鑄鉥匠 이원규 씨가 공방에서 국보 다뉴세문경의 복원에 대한 연구와 제작에 몰두하였는데 결국 2006년 3월에 복원에성공했다고 발표하였다. 곽동해 교수가 밝힌 재현기술의 핵심은세밀한 문양의 조각 작업 방법과 활석으로 만든 거푸집의 송연松烟코팅 방법이다. 활석은 마그네슘으로 이루어진 규산염 광물로 표면은 지방질의 느낌과 진주광택을 보이며 불순물이 포함되지 않은 경우에는 대부분 백색이다. 활석은 아주 연하여 쉽게 분말을만들 수 있고 소성 시 수축률이 낮고 열전도율도 매우 낮아 거푸집으로 만들 경우 미세한 선을 긋는 데 적합하다. 활석거푸집에서송연 코팅이 핵심 기술이며 활석 표면을 송연으로 코팅하면 주물의 표면이 상하지 않으면서 거푸집에서 잘 분리되는 천연 도형제의 기능을 가지게 된다.

다뉴세문경
자료: 숭실대학교 박물관 소장

    다뉴세문경의 거울 앞면은 매끄럽게 처리되었으며, 손잡이가 있는 뒷면은 매우 정밀한 기하학적 무늬가 양각陽刻으로 새겨져 있다. 양각된 무늬 전체를 분석해 보면 중심을 기준으로 해서 가운데 중심 원형부, 중간 원형부, 바깥 원형부로 크게 구분되고, 각 부분마다 다른 섬세한 문양으로 장식되어 있다. 지름 65밀리미터의 중심 원형부에는 너비 10밀리미터, 높이 16밀리미터 크기의 2개의 손잡이 꼭지鈕가 위로 치우쳐 있다. 꼭지를 제외한 표면은 중심을 십자선으로 구분하고, 각각의 내부에 대각선으로 그린 장방형을 바둑판무늬처럼 구획하였으며, 직삼각형의 내부에 직선을 병렬로 치밀하게 그어 가득 채웠다. 섬세한 삼각형 내부의 직선 방향을 90도로 교차하여 장식함으로써 각각의 구분이 용이하게 하였다.

    중간 원형부는 22개의 넓은 원을 정연하게 돌리고, 44개의

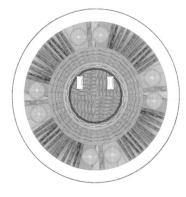

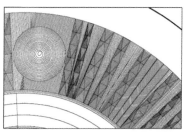

컴퓨터 그래픽으로 복원한 다뉴세문경의 전체
디자인(상)과 바깥 원형부 실측 확대도(하)
자료: 이승우(2007) 석사학위 논문에서 발췌 6

방사선을 구획하였다. 여기에서 파생되는 장방형의 내부를 대각
선으로 가르고, 기하학적 최소 도형인 거치형鋸齒形 내부를 병렬직
선으로 세장하게 메워서 마무리하였다.

　　바깥 원형부는 동심원, 거치직선병렬문, 방사병렬문 등으로
장식되었다. 상하좌우에 쌍으로 배치된 동심원의 지름은 22밀리
미터이다. 각 동심원은 21개의 원을 정밀하게 돌려 장식하였으며,
동심원의 굵기는 0.5밀리미터 정도로 세밀함을 보여 준다.[7] 그리
고 바깥 원형부에는 동심원문 8개를 2개씩 짝을 지어 배치하였다.
따라서 이 거울은 어느 방향에서 보더라도 엇물린 삼각형 집선문

에 빛이 반사되어 반짝이는 삼각문이 드러나게 된다. 주석이 다량 합금된 이른바 백동질白銅質로 되어 있어 더욱 빛이 잘 반사된다.

2009년 4월 6일 숭실대학교는 한국기독박물관에 소장된 '다뉴세문경'에 대한 종합학술조사 보고서인 〈한국 기독교 박물관 소장 국보 제141호 다뉴세문경 종합연구〉를 내놓았다. 최병현 관장은 지름 21센티미터인 다뉴세문경의 거울 뒷면에 1만 3000여 개의 선이 정교하게 그려져 있고 이에 대한 도면화에 성공하였다고 발표하였다.

발표한 내용을 보면 이 거울은 지름 21센티미터(가로 212.1밀리미터, 세로 210.8밀리미터)밖에 되지 않는 거울 뒷면에 1만 3000여 가닥의 직선과 원형의 선이 정밀하게 조각되어 있다. 현대 첨단 과학기술로도 아직까지 온전한 복제품을 만들어 내지 못할 정도로 그 제작기법은 베일에 가려져 있었다. 특히 철기시대도 아닌 청동기시대에 이와 같은 정밀하고 가는 선의 문양이 있는 거울을 만든 것은 실로 놀라운 일이다.

박물관 측은 "1밀리미터에 3개의 선이 들어가 있기 때문에 수작업에 의한 실측이 불가능하고 사진을 토대로 하는 도면화에도 한계가 있었다"며 "3D 스캔 데이터를 활용해 기본 형상을 조합하고 일러스트레이터 및 폴리웍스로 드로잉을 실시한 결과, 8개월 만에 도면화에 성공했다"고 밝혔다.

다뉴세문경에 새겨져 있는 선 간격은 최소 0.2밀리미터, 최대 0.47밀리미터 정도로 선 하나의 높이가 0.18밀리미터인 초정밀 조각이다. 독일 GOM 사의 ATOSⅢ 스캐너를 사용하여 다뉴세문경에 전체적으로 디자인된 일정한 무늬와 형태를 프로젝션하고 이것을 카메라로 읽어 3차원 형상으로 재구성해 주는 스캔 방식을 토대로 수정 보완을 거쳐서 실물과 동일하게 만들어 냈다.

한국기독교박물관의 연구조사 팀이 다뉴세문경의 제작기술을 몇 가지 기술적인 측면에서 검토해 본 결과, 재료적인 측면에서 보면 거푸집은 점토로 만든 토범土范이라기보다는 주조 공학에서 사용되는 용범鎔范인 주물사鑄物絲를 굳혀서 문양을 새긴 사형砂型이며, 거푸집의 강도가 약해서 스켑skep(꿀벌집, 일종의 바구니)과 쥐꼬리 등의 주조 결함이 발생하였다. 작도는 컴퍼스compass를 이용하여 원을 그리고 각을 2등분한 것으로 보이며, 평면이 아닌 데도 정교하게 이루어졌다. 외구의 동심원은 다치구多齒具*를 사용한 것으로 보이고, 구획원은 컴퍼스를 이용해 한 번에 그린 것으로 보인다. 한편 주연周緣의 조각에는 규형을 사용하지 않았으며, 외구의 조각을 마친 후에 팠다. 주조를 마친 후 연마를 실시하였고, 뉴(손잡이)에는 사용으로 인한 마모의 흔적이 남아 있었다. 앞에서 서술한 내용은 국보경의 제작기술 중 한정된 부분을 언급한 것에 지나지 않으나, 이에 대해서도 다양한 논의와 검증을 거쳐야 할 것이다.[8]

● **다치구** 뼈로 만든 찌르개 같은 뾰족한 도구를 말하며, 사이가 갈라져 있고 이빨이 여러 개 있어 2개 이상의 원이나 직선을 동시에 그릴 수 있다.

이 종합조사연구 보고서에서 밝힌 바와 같이, 주물틀(거푸집)이 석형이 아니라 가는 입자의 모래를 사용한 토형이나 사형에 의해 제작되었다는 사실이 최초로 밝혀졌다. 사형 주조로 만들어진 것을 확인할 수 있었던 결정적인 계기는 거울 면과 문양 면에 생긴 조그만 틈에서 거푸집에 사용한 0.3밀리미터 이하의 모래 알갱이를 발견하였기 때문이다. 이와 함께 다뉴세문경은 구리, 주석, 납 성분이 혼합된 청동거울이었으며 구리$_{Cu}$와 주석$_{Sn}$의 혼합비율이 65.7대 34.3이었다. 이는 현재 최고 품질의 청동기를 제작하는 합금 비율에서 단 1퍼센트도 벗어나지 않는 최적의 비율이다.

필자는 이러한 다뉴세문경의 과학적 기술은 현대의 과학기술자도 상상하기 어려울 정도의 첨단 기술이라고 보는데 그 이유는 다음과 같다.

첫째, 활석이나 밀랍 거푸집 표면에 대부분의 선이 1밀리미터 폭 안에 3개의 직선을 조각하였는데 이는 0.2밀리미터 간격으로 높이는 0.18밀리미터이다. 2015년 지금의 공학도가 이런 선을 정밀하게 그리려면 반도체 기판에 전기 동선을 식각할 때처럼 확대경으로 보면서 선을 그어야 한다. 아니면 컴퓨터 CAD 프로그램을 사용하여 확대해 보면서 도면화 작업을 해야 한다. 당신은 과연 확대경 없이 육안으로 보면서 직선자와 가는 연필로 머리카락 굵기의 1밀리미터 폭 내에 3개의 선을 그을 수 있겠는가? 이는 2400년 전 그 당시 문명국이라 자랑하던 중국의 춘추전국시대나 그리스, 로마, 페르시아에서도 만들지 못했던 기술이다.

우리는 보통 초정밀 미세 분야의 대표적인 제품으로 반도체를 떠올린다. 지금부터 약 67년 전인 1948년 미국 벨연구소가 최초로 발명한 반도체에는 5제곱센티미터 크기에 1개의 트랜지스터가 들어 있었다. 1958년 잭 킬비Jack Kilby에 의해 집적회로IC가 발명된 이후, IC칩 위에 올라가는 트랜지스터 또는 기능 소자素子의 숫자는 시간이 경과함에 따라 비약적으로 증가하여 초대규모 집적회로VLSI가 등장하였다. 1970년대 초에 1제곱센티미터 크기에 1000개(1킬로바이트)의 소자를 올린 칩이 개발되었고, 1970년대 후반에는 16킬로바이트, 64킬로바이트, 즉 각각 1만 6000개, 6만 4000개의 소자가 집적된 칩이 개발되었다. 1980~1990년대에 256킬로바이트에서 1메가바이트, 4메가바이트, 16메가바이트, 64메가바이트, 256메가바이트의 시대를 거쳐, 21세기에 들어서면서는 기가바이트GB, 즉 10억 개 이상의 소자를 1개의 칩에 올릴 수 있게 되었다.

칩 하나에 올라가는 소자 숫자의 증가는 각 소자의 크기를 축소함으로써 가능하였다. 최소 선폭의 길이가 1960년대에는 수십 밀리미터 단위였는데 1970년대에 들어와 마이크로미터(0.001 밀리미터) 단위로, 1980년대에는 1마이크로미터 이하가 되었다. 1990년대에는 0.5마이크로미터 이하이던 반도체 기술이 21세기에 들어와 0.1마이크로미터(100나노미터)의 벽을 넘어서면서 나노(10억분의 1미터)의 시대가 열렸다.

오래전부터 인류는 물건을 아주 작게 만들어 보려는 욕망을 가졌다. 16세기에 처음으로 렌즈를 이용한 확대경이 발명된 후, 확대경을 사용하여 쌀 한 알에 인물상을 새기거나, 바늘귀 안에 찰리 채플린의 모습을 새겨 넣는 재주꾼들이 있었다. 이런 호기심이나 미적 관심이 아니라 산업적 관점에서 축소화가 이루어진 분야가 바로 반도체 제조기술이다.

최첨단을 자랑하는 20세기 미국의 기술자들이 1960년대에 처음으로 수십 밀리미터 선폭의 반도체를 만들어 냈다. 필자가 1970년대 초에 화양리에 소재한 아남 반도체 공장을 방문하였을 때 반도체의 선을 연결하는 공정에서 조립 공원들이 커다란 확대경으로 반도체 기판을 들여다보면서 작업하는 것을 보았다. 1960년대 최고의 첨단 기술 보유국 미국에서 선폭 10~20밀리미터의 반도체를 만들었는데—그 당시 우리나라의 기술로는 반도체를 만들 수 없었다—2400년 전 고조선의 기술자들이 0.2밀리미터 선폭의 무수한 직선과 원형을 조각한 청동거울을 만들었다고 하면 당신은 납득할 수 있겠는가? 한국인은 이 다뉴세문경 하나만 가지고도 지금 전 세계에 자부심을 가지고 큰소리를 칠 수 있다. 지금 삼성전자, 하이닉스 등의 국내 회사가 반도체 분야에서 세계 최고의 회사로 성장하고 있는 비결 또한 바로 이러한 우리 조상의 초정밀 제조기술 DNA를 이어받았기 때문이지 않을까 한다.

둘째, 동심원이 정밀하게 0.2밀리미터 간격으로 22~23개가 중첩하여 그려져 있는데 이는 현재의 정밀한 제도용 컴퍼스 없이는 불가능한 것으로 과연 그 당시 금속공예 기술자들이 이런 컴퍼스를 갖고 있었던 것인지, 아니면 삼국시대 이후 장인들이 컴퍼스 대신 사용했다는 다치구를 사용했던 것인지 궁금증이 생긴다. 동국대학교의 〈다뉴세문경 제작기법연구〉 학위 논문에서는 다뉴세문경의 전체 조형을 3구로 구분하기 위하여 중심축을 제외한 회전축의 핀이 22개 달린 컴퍼스와 동심원 선각을 위해 20여 개 이상의 회전축 핀이 달린 컴퍼스 2개를 제작하여야만 전체 선과 원형을 선각할 수 있다고 하였다.[9]

셋째, 과학기술이 급속도로 발달한 지금도 다뉴세문경의 복원을 시도하였다가 여러 차례 실패를 거듭하였고, 2006년 곽동해 교수와 주성장 이원규 씨가 활석거푸집과 송연 코팅을 통해 복원에 성공하였으나 이는 현대의 과학적인 연구로 얻은 성과인 것이지 2400년 전에도 동일한 방법으로 주조한 것은 분명 아닐 것이다. 고대 청동 주조기술자들은 과연 어떤 첨단 기술을 가지고 주조하였는지 대단히 궁금하나 동일한 거푸집 유물이 남아 있지 않아 짐작하기는 어렵다.

넷째, 중국이나 그 외 다른 국가의 청동거울이 도안하기 쉬운 동식물의 문양을 주로 사용한 것과 달리 고조선은 어렵고 세밀한 직선과 동심원을 사용하였는데 그 이유에 대해 의문이 생긴다. 일반적으로 청동거울은 자신의 얼굴을 보는 도구로서 뒷면의 문양은 아름답게 보이기 위하여 새긴 것이다. 이런 이유로 많은 국가에서는 동식물의 문양을 조각하는 것이 일반적인데, 이와 다르게 정

교한 선과 원을 사용한 것은 사용 목적이 다른 데 있었기 때문일
수도 있다.

이상에서 언급한 고조선의 다뉴세문경은 외형적인 우수성
뿐만 아니라 청동기 제작기술이 최고 정점에 달했을 때 만들어진
것으로 청동거울이 가질 수 있는 예술성과 함께 색상이나 반사율
면에서도 뛰어난 작품이었다. 숭실대학교의 〈한국 기독교 박물관
소장 국보 제141호 다뉴세문경 종합연구〉 보고서 결론에서 "……
정교한 기하학적 문양을 어떻게 주조해 낼 수 있었는지, 어떤 도
구를 사용하였는지 등 고고학적 질문에 대한 어떠한 해답도 찾지
못하였다"라고 하였다.[10] 기원전 3세기, 즉 2400년 전 청동기시
대의 고조선에서 현대의 첨단 과학기술인 나노기술에 견줄 수 있
는 현대적인 초정밀 세공기술을 보유하고 있었다는 사실은 상상
하기 어려운 일로서, 출토된 다뉴세문경 유물이 우리 민족의 금
속공예 기술이 그 당시 세계 최고이자 최첨단에 있었음을 증명해
준다.

03

삼국시대의 정교한 금속공예 기술

고구려, 백제, 신라는 고조선에 이어 고대국가로 성립하여 발
전하면서 금, 은, 동, 철 등의 금속을 소재로 한 다양한 금속공예품
을 왕실의 관영 수공업 형태로 생산하고, 중국이나 일본 등에 물
물교역의 형태로 유통하였다.

삼국시대 초기에는 몸을 치장하거나 왕의 권위를 과시하기
위한 금, 은, 동으로 만든 금동관, 금귀고리, 금동 신발 등 금속공
예품을 제작하였고, 이를 일상생활에서 실제로 사용하였다기보다
는 국가의 제사나 의례 또는 왕이나 귀족의 무덤에 넣는 부장품으
로 활용하였다.

또한 중국으로부터 불교가 전래된 후, 불교문화의 근간을 이
루는 불상과 광배, 범종 및 종교적인 의기나 장엄구 등에 금속공
예 기술을 적용하여, 금과 청동, 철로 만든 불교용품이 등장하였
다. 삼국시대에 불교문화가 융성하면서 사찰용과 민간용의 불상
과 의기 등을 양산하였고, 이러한 금속공예품이 일상생활 속으로
깊이 스며들었다.

이 시기의 금속공예품으로는 물을 담거나 꽃을 꽂아 놓는 물병 또는 술을 담는 데 사용하는 술병, 주전자 형태의 정병과 절에서 사리를 담아 보관하는 사리병 등이 있다. 이것은 주로 청동으로 만들거나 청동에 금을 도금한 것이었으며, 통일신라 때에는 정교한 금속공예 기술인 금은 상감象嵌●을 한 제품이 있었다. 통일신라시대의 유물인 청동제은상감세경병靑桐製銀象嵌細頸瓶은 둥근 동체에 초화학문草花鶴紋, 암석문岩石紋, 연화문蓮花紋과 물가에서 노는 물고기가 현란하게 은으로 상감되어 은 상감공예 기술의 극치를 보여 준다. 이러한 상감공예 기술이 고려시대에 접어들어 고려청자의 상감기법과 같이 은사銀絲(은실)로 동양화를 화려하게 그려 넣은 청동 주전자로 발전하게 된다.

실생활용품으로서의 청동기로는 뚜껑이 있는 그릇(합盒)으로 사리합舍利盒, 약을 담는 약합藥盒, 향료를 넣어 두는 향합香盒이 있고 향을 피우는 데 쓰는 향로, 수저와 밥그릇 등이 있다. 이러한 청동기 그릇에 사용되는 제작기법은 주조와 단조로 구분되며, 초기에는 외부에 무늬 장식이 없었으나 후기에는 표면 조각에 의한 장식이 추가되었다.

합의 일종인 호우壺杅는 신라 호우총에서 발굴된 명문銘文이 있는 호우가 유명하다. 1946년 5월에 국립박물관이 해방 후 최초로 발굴한 경상북도 경주시 노서동의 호우총壺杅塚에서 출토된 뚜

●　　**상감**　금속판에 디자인 모양을 판 곳에 다른 물질을 넣는 기법을 말한다.

껑이 있는 그릇인 청동호우는 거친 동심원의 선과 제조 시기를 양각한 명문이 있는 초기 밀랍형 용범으로 제조된 금속공예품이다. 이 청동호우의 밑바닥에는 '을묘년국강상광개토지호태왕호우십乙卯年國岡上廣開土地好太王壺杆十'이라는 명문이 각인되어 있다. 이 명문으로 호우의 제작 시기가 장수왕 3년(415년)이고, 광개토대왕 때 인질로 고구려에 있었던 신라의 왕자 복호ト好가 418년에 귀국할 때 하사받은 청동호우를 신라로 가지고 왔다는 역사적인 사실을 알 수 있다.

금속 제품의 재료로는 오금五金이라 부르는 금, 은, 동, 철, 석錫이 있는데, 이들 금속의 표면은 각기 독특한 광택이나 질감을 주는 아름다움이 있다. 이 금속 표면에 선각線刻•이나 침석타針石打•• 또는

•　　**선각**　선으로 조각하는 것을 말한다.
••　**침석타**　뾰족한 돌로 두드려 조각하는 기법을 말한다.

어자문魚子紋, 투조透彫,˙ 상감 등의 기법을 이용하여 무늬를 장식하는 기술이 고조선 때부터 이어져 내려왔다. 이런 공예기법은 동북아시아뿐만 아니라 예로부터 전 세계 여러 나라가 금속공예에서 사용하는 기법이다.

백제 무령왕릉의 왕비 머리 부근에서 출토된 동탁은잔銅托銀盞의 경우 잔과 뚜껑은 은으로 만들었고, 잔 받침은 청동으로 만들었다. 은잔은 높이가 15센티미터인데 뚜껑의 꽃봉오리 모양 손잡이 아래를 금 꽃잎으로 장식하였다. 반구형 몸통과 뚜껑, 연꽃 봉오리 모양의 꼭지가 보여 주는 은잔의 균형 감각이 안정감을 준다. 뚜껑과 잔, 받침의 겉면에는 산과 골짜기에 노닐고 있는 짐승, 나무, 연꽃잎, 구름, 용이 새겨져 있어 선조기법의 유려한 선을 보

| 선조기법의 **동탁은잔(좌)과 확대 부분(우)**. 자료: 국립공주박물관에서 촬영

● **투조** 뚫어서 모양내는 기법을 말한다.

여 준다.

'어자문'이란 강철제의 끌을 사용하여 금속 표면을 위에서 아래로 누르면 작은 U 자형 무늬가 생기는데 이런 무늬를 촘촘하게 일정한 간격으로 찍으면 마치 물고기 알魚卵처럼 보여서 붙여진 이름이다. 이것은 쇠붙이 끌로 직선을 만드는 선각이나 가는 송곳을 이용해 일정한 간격으로 점선을 찍어 만드는 침석타가 발전한 기술이다. 우리나라에서는 이 끌을 '누깔정' 또는 '방울정'이라 부르는데, 이 끌은 뾰족한 송곳, 즉 둥근 송곳 끝을 잘라 내고 그 중간을 요면凹面으로 만든 송곳이다.

어자문공예는 그릇이나 합, 불상의 광배, 사리함, 각종 생활 도구에 많이 사용되었다. 어자문으로 장식된 대표적인 유물로는 8~9세기 통일신라시대의 안압지에서 출토된 '금동초심지가위'가 있다. 이 가위는 초의 심지를 자르는 데 사용한 금동 가위인데, 잘린 심지가 바닥에 떨어지는 것을 막기 위해 날 바깥쪽에 반원형의 테두리가 있는 독특한 아이디어가 돋보인다. 봉황새 꼬리 모양의 손잡이 쪽에 방울무늬 어자문과 당초무늬가 화려하게 장식되어 있다.

투조기법은 특별한 공구, 즉 압착기나 날카로운 공예 칼 등으로 금속 표면을 뚫어서 무늬를 만드는 기법이다. 금속공예 기법 중에서 상감기법은 매우 정교하고 어려운 작업으로 고대 청동기시대로부터 발전되어 왔다. 상감기법에서 중국 상商대와 주周대에 송록석松綠石을 청동기 표면에 홈을 파고 집어넣는 감입嵌入기법이

| 금동초심지가위(좌)와 확대 부분(우). 자료: 국립경주박물관에서 촬영

창출되었다. 동 상감이나 금·은 상감은 춘추전국시대부터 청동기 유물에서 보이고 있다. 우리나라 고조선 때에도 비슷한 시기에 청동기에 상감기술이 사용된 것으로 추정된다.

상감에는 선線 상감과 면面 상감이 있는데 청동기를 주조한 후에 금사金絲(금실)나 금편金片을 청동기 표면에 날카로운 끌로 홈을 파고 집어넣은 뒤 열을 가하여 융착하거나 두드려서 면이 같도록 하고, 삽입된 금사 또는 은사나 얇은 편이 빠지지 않도록 하여 글자나 무늬를 새기는 화려한 기법이다. 특히 우리나라에서 많이 사용한 오동烏銅 상감기법은 금아말감*을 이용하는 것으로 세밀한 금은 상감에 사용하였다. 이러한 상감기법은 동시대 페르시아 지

● **금아말감** 금광석을 수은으로 처리해 얻은 금과 수은의 합금을 말한다.

방에서도 많이 사용한 금공예 기술이다.

　삼국시대에 상감공예 기법으로 제작된 유물 중에는 고구려나 신라 고분과 백제 무령왕릉에서 출토된 환두대도 손잡이가 있다. 이 유물은 화려한 금은 상감이 돋보이는 금속공예품이다. 또한 백제의 왕이 일본 왕실에 하사한 칠지도七支刀가 있는데 앞뒷면에 모두 61자의 금 상감 명문이 있는 매우 유명한 백제 유물로 현재 일본의 국보로 지정되어 있다. 삼국시대의 금속공예 장인은 그들만의 예술성 있는 도안과 뛰어난 제조기술을 고안해 냈다. 이로 인해 금속공예품은 더욱 세련되고 화려하게 발전하여 세계적으로 인정받는 신라의 금관, 금동반가사유상 및 백제금동대향로 등이 만들어졌다.

04
세계 유일의 초정밀 금공예품

금金은 그 아름다운 색깔과 희귀성으로 인하여 고대 인류의 장신구로서 문명의 시작과 함께 현대에 이르기까지 인류의 사랑을 받아 왔다. 자연적으로 금은 지상이나 지하에서 유물로 발굴될 때 그대로 보존되어 있는 경우가 많다. 그 이유는 금은 공기와 접촉하여도 산화물을 형성할 필요가 없이 단일 원소 상태에서 가장 안정적이기 때문이다. 은銀도 금과 마찬가지로 은 상태로 존재하는 것이 안정적이지만 때로는 화합물로 발견되는 경우도 많다.

현재의 기술로 금은 1그램으로 0.6제곱미터까지 얇게 펼 수 있고, 가는 실로 만든다면 2.8미터까지 늘릴 수 있다. 또한 금은 왕수王水, Aquaregia* 이외에는 녹지 않고 산화하지 않는 특성이 있다. 합금이 용이하여 공예품으로 직접 만들거나 다른 금속품에 도금이나 금박金箔, 이금泥金**으로도 많이 이용된다. 금은 이런 특성

●　　**왕수**　진한 염산과 진한 질산을 3:1로 섞은 용액을 말한다.
●●　**이금**　아교에 개어 만든 금박 가루를 말한다.

우르 왕조 시대 금제 목걸이
자료:《The Metropolitan Museum of Art》화보에서 발췌

이집트 제18왕조 시대 금제 신발
자료:《The Metropolitan Museum of Art》화보에서 발췌

때문에 금속공예에서 청동이나 타 금속품에 도금을 하거나 조각하는 기법으로 제작에 이용되고, 늘어나고 자르기 쉬우며 잘 녹는 특성 때문에 판금 가공과 투조기법 및 상감기법에 많이 사용되었다.

1927년에 메소포타미아 문명의 우르Ur 왕조의 무덤에서 출토된 금목걸이는 기원전 2700~2600년경에 제작된 것으로 청금석Lapis lazuli과 나뭇잎 형태의 금편으로 만들어졌는데 최초의 판금기법에 의한 금공예품이라 하겠다. 또한 기원전 1479~1429년경의 이집트 제18왕조 시대의 무덤에서 출토된 금제 신발과 팔찌는 간단한 판금기법에 의해 제조된 금공예품이다.

투탕카멘의 황금 마스크
자료: 국립중앙박물관 투탕카멘 황금전에서 촬영

나무에 금 도금을 한 황금의자
자료: 국립중앙박물관 투탕카멘 황금전에서 촬영

이집트 제18왕조 제12대 왕 투탕카멘Tutankamen(재위 기원전 1361~1352년)의 왕릉에서 출토된 다양한 종류의 황금 유물을 살펴보자. 당시 이집트에서 금으로 제조된 황금 마스크나 황금관을 보면, 주조기술은 상당히 진전된 것으로 보이나 세밀한 금세공기술로 만든 것은 없고 대부분 판금에다 초보적인 보석 삽입 상감기술을 적용한 것이다. 그러나 나무 의자와 기타 금속에 입히는 도금기술은 상당히 발전된 것이었다.

금은 권력과 부의 상징으로, 신의 영광에 대한 표현으로, 또는 사후 세계의 장식으로 한반도에 많은 영향을 준 스키타이(기원전 7~2세기)의 황금 유물과 페르시아의 황금 유물 및 안데스의

| 금제교구(좌)와 용문양 확대 부분(우). 자료: 국립중앙박물관에서 촬영

잉카 황금 문명 등 세계 각지에서 독특한 문화적 유산을 남기고 있다. 우리나라의 가장 오래된 금제 유물은 평양 일대 낙랑국시대(기원전 108년~기원후 313년)의 정백동 나무곽무덤군(기원전 1세기~기원후 1세기)에서 출토된 금동제 장식품이다.[11] 그중에서 가장 유명한 것이 1916년 평안남도 대동군에 위치한 낙랑국의 석암리 9호분에서 출토된 허리띠 장식인 국보 제89호 금제교구金製鉸具이다.

이 금제교구는 얇은 금판을 쪼아서 일곱 마리의 용을 만들고, 작은 금 알갱이와 가는 금줄을 이용하여 누금세공鏤金細工이란 기법으로 무늬를 새긴 뒤 비취옥을 박아 넣은 것이다. 이것은 타출, 누금세공, 옥감장 등의 기법이 고루 구사된 초정밀 금세공 유물이다. 금제교구는 출토된 유물이 매우 적고, 중국 내몽골에서 출토된 비슷한 유물이 있지만 공예기법과 미적인 면에서는 크게 떨어지는 것들이다. 그렇기 때문에 금제교구는 2000년 전 그 시대의 탁월한 초정밀 금공예품으로 지금 전 세계에 자랑할 만한 우리나라 최고의 유물이다.

2008년 11월에 국립경주박물관은 특별전 〈신라, 서아시아를 만나다〉에서 전시 중인 금제교구 유물의 정밀 확대 사진을 공개하였다. 이 사진을 정밀 판독한 결과, 교구 안에 손톱보다 작은 크기로 새김이 된 용의 입속에는 혀는 물론 뻐드렁니와 무수한 이빨이 금판 혹은 금 알갱이로 만들어져 붙어 있는 것이 확인되었다.

이보다 작은 다른 여섯 마리의 새김 용들도 모두 입속에 금 알갱이 이빨이 붙어 있는데, 발톱 달린 용의 다리 언저리에는 미세하지만 듬직한 보주 장식까지 붙여 놓았다. 오영찬 학예관은 "이빨과 다리 장식들은 지름 1밀리미터도 안 되는 금 알갱이, 금실로 일일이 짜 넣은 것이라 놀라지 않을 수 없었다"고 말하였다. 이런 금공예 세공기술은 전 세계에서 출토된 비슷한 시대의 금공예품과 비교해 보아도 최고 수준이라고 자부한다.

금 알갱이는 녹은 상태의 금을 찬물에 가늘게 떨어뜨리면서 막대기를 고속으로 휘저으면 금이 식으면서 물속에서의 표면장력으로 원형의 구가 생성되는 방법으로 만든다. 이때 빠르게 휘젓는 속도에 따라 금 알갱이의 크기가 달라진다. 이런 방법은 4000년 전부터 고대 여러 국가에서도 사용한 것으로 보통 2밀리미터 이

히타이트 제국의 금머리 장식
자료: 국립중앙박물관 스키타이 황금전에서 촬영

상의 금 구슬을 만들 수 있다. 그러나 1밀리미터 이하의 금 알갱이를 만들려면 두께 1밀리미터 이하의 금사를 1밀리미터 이하의 길이로 잘라서 흑연판 위에 놓은 뒤, 흑연판에 열을 가하면 금줄편이 녹는 순간 타 재료와의 표면 장력 작용으로 원형이 되고 흑연판의 열을 식히면 금 알갱이가 만들어진다. 1밀리미터 이하의 금 알갱이를 금속판 위에 올려놓고 금사로 땜납을 하는 기술도 매우 어렵고 정교한 기술이다.[12]

흑해 연안의 고대 히타이트Hittite 제국의 유적에서 출토된 금머리 장식hair ring에 금 알갱이가 많이 붙어 있는데, 그 크기는 2~3밀리미터 정도로 불규칙하다. 금제교구는 길이 9.4센티미터, 너비 6.4센티미터 크기인데 실제 300배 정도 확대해 보니 가장 큰 금 알갱이는 1.0~0.9밀리미터이고 가장 작은 금 알갱이는 0.28~0.3밀리미터였다. 이는 0.2~0.47밀리미터 간격으로 약 0.13~0.15밀리미터 두께와 0.18밀리미터 높이의 직선과 원형 무늬를 제작했던 국보 제141호의 다뉴세문경의 초정밀 기술과 같은 수준이다.

2000년 전, 전 세계 고대국가에서 누금세공기법으로 만든 금공예 제품 중 1밀리미터 이하의 금 알갱이가 붙어 있는 유물은 한국에서 출토된 금제교구가 유일할 것이다. 이 정도의 기술은 당시의 로마나 중국 한나라의 선진 문화 강대국과 비교해서도 타의 추종을 불허하는 세계 최고 수준이다. 1~3세기 무렵 고조선시대의 금제교구에서 볼 수 있는 타출, 누금세공, 옥감장 등의 정교한 금공예기술은 이후 신라의 화려한 금공예기술로 이어지는데, 이런 기술은 6세기 이후 동로마 비잔틴 문명의 유물이나 중근동 아랍지역의 금공예 제품에서는 찾아보기 힘든 기술이다.

05
화려한 금공예 예술인 신라 금관

삼국시대의 금제 유물로 말하자면, 고구려나 백제의 출토 유물도 있지만 단연 신라의 고분에서 출토된 유물이 종류도 다양하고 질과 양적인 측면에서도 압도적이다. 종류로 보면 머리에 쓰는 보관, 모자에 다는 장식인 관식, 귀고리, 목걸이, 팔찌, 반지, 구슬과 방울, 보검, 불교 공예품 등이 있다. 이는 모두 주물 제작에서 판금가공, 선 조각, 뚫는 조각 등 각종 조각기법이 사용되었고, 두드려 만드는 기법(타출세공), 눌러서 만드는 기법(누금세공), 금 도금에 이르기까지 금을 이용한 모든 기술이 적용되었다.

세계적으로 금관의 발굴과 분포 상황을 살펴보면, 가장 화려한 형상의 금관이 한반도 남부의 경주 지역에 집중적으로 분포되어 있는 것을 알 수 있다. 순금 또는 금동으로 만들어진 고대 금관은 전 세계적으로 60여 점에 불과하다. 그중 50여 점이 우리나라 경주를 중심으로 한 가야 지역 등에서 발굴되었다. 신라의 금관과 견줄 만한 수준의 금관은 아프가니스탄의 틸리아 테페Tillia Tepe 6호분에서 발굴된 금관과 흑해 북쪽 해안의 로스토프 지역에서

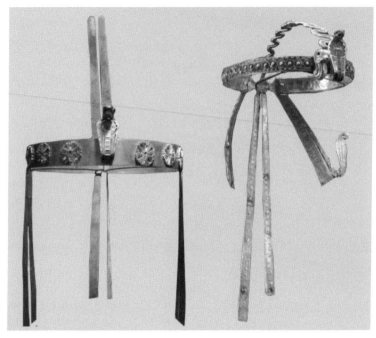

| **이우니트 왕녀와 투탕카멘 왕의 보관.** 자료: www.google.co.kr에서 검색

발굴된 사르마트 금관 정도이다. 이 사르마트 금관은 신라 금관의 원조라고 불릴 수 있는 것으로 '사르마티아 동물 양식'을 잘 보여 주는 대표적인 유물이다.

　가장 오래된 금관으로는 신라의 금관보다 1000여 년 전의 고대 이집트 제12왕조 세누스레트 2세(기원전 1897~1878년) 때 발굴된 사트 하트호르 이우니트 왕녀의 황금 보관과 투탕카멘 왕의 무덤에서 발굴된 황금 보관이다. 이우니트 왕녀의 보관은 황금으로 만든 띠에 홍옥주, 천하석amazonite, 청금석으로 장식하고 15개의 꽃을 형상화한 무늬를 양각하였다. 관의 정면에는 왕녀의 신분을 상징하는 성사聖蛇(성스러운 뱀)인 우라에우스가 붙어 있다. 그리고 관 윗부분에 1개의 깃 장식을 세우고, 아래에 3개의 긴 장식을 늘어뜨려 간소하면서 기품 있게 만든 걸작이다. 후대에 만들어진 투탕카멘 왕의 보관은 이우니트 왕녀의 보관과 아주 유사한데 보석 장식이 좀 더 화려하고 2개의 뒷깃 장식이 길게 드리워져 있다.

고대 오리엔트 미술의 전통을 잘 보여 주는 유물은 흑해 북안 로스토프 지역의 노보체르카스크Novocherkassk 시 근방의 호흐라치Khokhlach 무덤에서 출토된 금제 장식품이다. 기원전 8세기의 유라시아는 새롭게 확산하고 있는 철기문화에 힘입어 초원(스텝 Steppe) 지대의 여러 유목 민족이 대거 이동하던 격동기였다. 스키타이족은 철제 무기와 철제 용품에 의한 무력을 바탕으로 중앙아시아에서 흑해 북안으로 진출한 유목 민족이다. 이 스키타이족이 정착한 지역은 이란, 메소포타미아, 그리스, 유럽 등 다양한 문화권과 접해 있었기 때문에 이들은 여러 문화를 받아들였다. 이를 바탕으로 동물 묘사의 추상화, 초현실화 및 변형을 통해서 대상 동물의 특성을 정확히 표현하는 스키타이 동물 양식을 발명하였다. 400년이란 짧은 역사를 가진 스키타이족은 이러한 그들의 문화를 시베리아 초원 지대 전역에 확산함으로써 인류 고대문화에 큰 발자취를 남긴 민족이 되었다.

이 스키타이족이 지배하던 초원 지역을 정복한 마지막 이란 어족은 알란족이다. 이 종족이 기원전 4세기에서 기원후 6세기 동

| 호흐라치 무덤 출토 황금 보관. 자료: 국립중앙박물관 스키타이 황금전에서 촬영

안 '스키타이 문화'의 전통을 이어받은 독특한 오리엔트 문화를 창조하였다. 이들은 기원전 1세기경 '사르마티아 동물 양식'이라 불리는 색다른 황금문화를 일구어냈다. 호흐라치 무덤에서 출토된 금관(기원후 1세기 제작)이 대표적인 유물로서 관의 머리띠 부분에는 자수정, 석류석, 진주 등이 박혀 있다. 또한 관의 상부에는 사실적인 수목 두 그루와 사슴 세 마리가 투각 형태로 조형되어 있는 아름다운 보관이다. 이러한 나뭇가지와 사슴뿔을 형상화한 문양이 신라까지 전래되었다. 이 영향으로 신라는 그들의 색이 분명한 황금문화로 발전해 나갔다.

삼국시대 초기인 5세기부터 동관이나 금동관을 사용하기 시작하였는데 호흐라치 무덤의 황금 보관과 디자인이 약간 다르기는 하지만 출出 자형 관식을 따르는 형태와 맞새김기법, 찍어 새

긴 점선 무늬, 달개 장식 등이 매우 비슷하다. 특히 신라 금관의 조형적인 디자인은 매우 독특한 것인데 당시 신라인의 민간신앙이나 정신세계를 보관의 입식立飾(서 있는 장식)으로 표출하고 있다. 입식은 대부분 직각형이고 일부는 자연 입식으로 대별된다. 금관의 관테에 부착된 장식 중 나뭇가지 장식은 관테의 중심과 그 좌우에 나란히 일정한 간격으로 총 3개가 서 있는 것이 일반적인 형태이다. 3개의 입식은 형태적 의미를 갖는 '출出 자형 입식'과 나뭇가지 모양을 사실적으로 묘사한 '나뭇가지형 입식'으로 대별된다.

이 입식은 수목樹木을 출出 자형으로 도안화한 것으로 농요農謠와 재생再生의 의미와 함께 수목을 신神의 강림처로 생각하는 민간신앙에서 나온 것으로 여겨진다. 단군신화와 불교의 보리수에서 유래된 것으로 해석하기도 하고, 기마 민족의 후예인 신라인이 수목을 신성시하고 특별한 의미로 믿어 온 유목 민족의 신수神樹 사상을 전해 받은 것이라고도 한다. 관테 뒤쪽에 있는 2개의 입식은 일반적으로 '녹각鹿角형 입식'이라 하는데 이것은 사슴뿔을 형상화한 것이다. 시베리아 샤머니즘에서 사슴은 황금 뿔을 가진 우주의 존재로 햇빛을 따라 태양을 운행하며 사자死者의 영혼을 천상으로 인도하는 신성한 동물로 여겨져 왔다.

백화나무 잎을 연상하게 하는 둥근 나뭇잎 장식, 생명의 열매인 굽은 곡옥曲玉 장식, 생명의 상징인 심장을 떠올리게 하는 끝이 뾰족한 나뭇잎 장식이 매달린 채 가볍게 흔들리며 반짝이는 신라 금관의 모습에서 현실 세계의 모든 생명을 주관하고 책임지는 신라왕의 화려한 위상이 돋보인다.

지금까지 전 세계에서 발굴된 금관의 양뿐만 아니라 분포의 집중성과 세공의 질, 독창성, 그리고 형상의 상징성까지 고려해 보면 인류 문화유산인 고대 순금 왕관은 우리나라 경주에 집중되어 있고, 금관을 사용한 동시대 고대 왕국 중에서 신라가 중심지였다고 할 수 있다.

일제강점기 때 처음으로 발굴된 금관총의 금관과 '새 모양 관 꾸미개' 및 관모冠帽는 모두 국보 제87호로 지정되어 있다. 이는 최초로 발굴된 금관과 부속 장신구라서 일괄하여 국보로 지정한 것으로 추정된다. 그러나 필자의 견해로는 의례 행사에 쓰이는 금

천마총 금관(좌)과 확대 부분(우)
자료: 국립중앙박물관에서 촬영

관보다도 관모와 관모 앞에 꽂아서 사용하는 새 모양 관 꾸미개가 금속공예의 기술 면에서 보면 몇 배 더 소중한 유물이다.

삼국시대 사람들은 일상적으로 상투를 가리는 고깔 모양의 관모를 썼다. 관모는 신분에 따라 다양한 천과 비단, 금 도금된 청동판 및 금판으로 제작되었다. 금판으로 보이는 출토된 관모는 원래 자작나무 껍질로 만든 속심에 비단을 씌운 고깔이 있고, 그 고깔의 겉을 더 화려하게 꾸미기 위해 장식용 금판을 덧씌운 것이다. 그래서 유기질인 고깔은 모두 썩고 순금 장식판만 남았다.

천마총 관모는 그 많은 신라 금관과 금 장신구 유물 중에서도 가장 돋보인다. 금판 관모의 형태는 머리에 쓰는 일반적인 모자의 고깔 형태이다. 고깔을 구성하는 금판의 전체적인 형상은 네 가지의 각기 다른 문양과 조화를 이루어 섬세하면서도 이색적이고 현대적인 감각이 느껴진다.

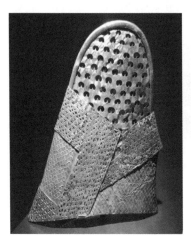

천마총 관모(좌)와 확대 부분(우)
자료: 국립중앙박물관에서 촬영

이 관모는 요즘 청소년이 좋아할 만한 셔츠나 겉옷의 파격적이며 현대적인 디자인을 보는 것 같다. 더 놀라운 것은 얇은 금판에 거꾸로 된 하트 모양의 투조 무늬를 모두 수공으로 뚫어서 만들었다는 것이다. 관모 아래에 있는 반원 형태의 양각 무늬는 전부 손으로 조각한 것으로서 신라 금속공예의 백미를 보여 준다.

관 꾸미개는 관모 앞에 끼워 멋을 내는 장식으로 삼국시대에는 다양한 형태의 관 꾸미개를 사용하였다. 새 모양 관 꾸미개는 몇몇 출토품이 있는데 그중에서도 천마총과 금관총 출토품이 기술적인 면에서 가장 유명하고 화려하다. 금관총 새 모양 관 꾸미개는 하늘의 선녀가 머리에 꽂고 천상에서 지상으로 내려오는 것 같은 환상을 불러일으키는 힘차게 날아가는 새 날개 모양이다. 이

금관총 새 모양 관 꾸미개(좌)와 확대 부분(우)
자료: 국립중앙박물관에서 촬영

것은 아름다운 넝쿨 모양의 맛새김(투조透彫) 무늬로 장식한 3매의 금판으로 결합되어 있다. 맛새김 무늬 사이에 하늘거리는 작은 원형 금편의 달개瓔珞가 매달려 있어 마치 천상의 물건처럼 보인다.

신라 금관과 부속 장신구를 보면 우리가 자긍심을 가질 수 있는 정교하고 화려한 아름다움을 느낄 수 있다. 특히 2014년 10월 말에 열린 뉴욕 메트로폴리탄 박물관의 하반기 특별전 중에 최대 화제를 불러일으킨 〈황금의 나라, 신라〉 전시회가 있었다. 당시 미국인이 발을 떼지 못할 정도로 가장 큰 스포트라이트를 받은 화제의 유물이 바로 금동미륵보살 반가사유상과 신라 금관 및 금귀고리 등 금공예 유물이다.

특히 신라의 금귀고리는 전 세계적으로 주목을 받고 있는 유물이다. 6세기 초의 동시대를 전후하여 미적 조형성이 뛰어나고 균형감이 있으며 정교한 공예기술로 만들어진 귀고리는 오로지 천마총 출토품인 금귀고리밖에 없다. 고대 그리스나 이집트에도 금싸라기와 금사로 아기자기하게 만드는 누금세공기법(필리그리 filigree)을 사용한 유물이 있으나, 신라 금귀고리처럼 정교한 누금세공기법을 사용한 것은 없다. 이는 고조선시대 낙랑에서 출토된 금제교구의 누금세공기술을 이어받아 더욱 발전시킨 신라 장인의 선진적인 금공예기술이 있었기에 가능한 것이다.

신라의 귀고리는 태환식과 세환식 두 종류로 나뉘어 발달해 왔다. 태환식 귀고리는 속이 빈 굵은 고리에 통쇠로 된 가는 고리를 잇달고, 이 통쇠고리에 여러 모양의 장식을 달아 드리워지도록 만든 것이다. 천마총에서 출토된 금귀고리는 태환식 귀고리 중 세계에 자랑할 만한 걸작이다. 이 귀고리에는 드리워진 장식이 상하 2단으로 마련된 주반이 있고, 이 주반 둘레에 작은 심엽형心葉形(하트 모양의 나뭇잎) 나무 장식을 무수히 꼬아 달았다. 맨 밑에는 하트형의 큰 장식 하나를 달아서 전체 비율에 안정감이 있도록 하였다. 굵은 고리에는 금싸라기로 육각형의 구간을 연속해서 만들고, 그 육각형의 구간 안에는 금싸라기로 만든 초엽 무늬를 넣었다. 가는 고리에는 초엽 무늬를 넣고, 그 아래 드리운 장식에는 금사와 금싸라기로 변두리를 마무리해서 그 찬란함이 다른 금귀고리에 비할 수 없다.

필자가 국립경주박물관에서 천마총 태환식 금귀고리를 직접 보았을 때, 보는 순간 시선을 사로잡는 탁월한 매력을 느꼈지만 그 아름다움을 글로 표현할 수가 없었다. 우리나라 미술사 분야의 태두인 혜곡 최순우 선생의 저서《무량수전 배흘림기둥에 기대서서》에서는 천마총 태환식 금귀고리에 대한 아름다움을 다음과 같이 묘사하고 있다.[13]

"크고 작은 신라 금귀걸이를 모아 놓고 바라보고 있으면 마치 고대광실 넓은 대청 위에 풍경 소리 들으며 앳된 여인의 핑크빛 두 볼 위에 간들거렸을 아기자기한 귀걸이들의 지체가 아물아물 보이는 듯싶다. 굵은 고리로 된 것을 태환식, 가는 고리로 된 것을 세환식이라고 부르며, 이 고리에 금 사슬을 늘이고 금 화롱구

천마총 출토 금귀고리
자료: 국립중앙박물관 제공

브라차 출토 금귀고리
자료: http://www.bridgemanimages.com

를 달았으며, 그 아래 하트형 장식이나 나무 열매 또는 버들잎 모
양의 금장식을 달았고, 때로는 화롱구에 하늘색, 초록색 같은 유
리구슬을 박아서 그 아롱진 아름다움이 먼 신라 귀족사회의 꿈을
속삭여 주는 듯싶다."

천마총 금귀고리를 스키타이의 황금 유물과 비교해 보면, 모
길란스카 모길라Mogjlanska Mogila 무덤 중 두 번째 묘가 있는 브라
차Vraca에서 출토된 황금 귀고리가 있다. 이 귀고리는 기원전 4세
기에 제작된 것으로 추정되는 거머리 형태의 아름다운 귀고리로
서 풍부한 꽃문양이 돋보이는 명품이다. 이 스키타이 금귀고리 양
식이 신라로 전해져서 신라 고유의 독특한 디자인으로 발전하였
다고 한다.

06
금공예의 명품인 백제금동대향로

국보 제287호인 백제금동대향로百濟金銅大香爐(백제금동용봉봉래
산향로百濟金銅龍鳳蓬萊山香爐로도 불림)는 1993년 10월에 국립부여박물
관 학술 발굴단이 충청남도 부여군 능산리의 절터를 발굴하다 토
기와 기와, 유리 제품, 칠기편 등과 함께 발견하였다. 발견 지점은
공방工房의 물을 저장하던 목제 수조의 자리인데, 다른 유물과 함
께 물에 잠긴 채 온전하게 보존된 상태로 수습되었다.

이 유물은 삼국시대 금속공예가 최고 절정기에 이른 6세기
중반 백제의 장인들이 제작한 것으로 그 당시 사용된 모든 금속공
예기법이 적용되었다. 이 향로는 전체 높이가 64센티미터이고 지
름이 19센티미터인데, 뚜껑 장식인 꼭지, 뚜껑, 몸통, 받침의 네 부
분을 각각 따로 주조하여 결합하는 방식으로 만들어졌다. 그 당시
동북아시아나 유럽 및 중근동의 비슷한 금속공예품과 비교하였
을 때, 기술적인 우위보다는 균형 잡힌 예술적 조형미가 매우 뛰
어나고 화려하며 백제인의 혼과 민속 사상을 담은 명품으로서 그
가치가 높다.

| 백제금동대향로(좌)와 향로 뚜껑 및 받침대 확대 부분(우)
| 자료: 국립부여박물관에서 촬영

향로의 꼭지 중심에 있는 장식은 꼭지 위에 서서 크게 날갯짓하는 봉황으로, 가슴 위에 여의주, 혹은 사당沙棠으로 해석되는 구슬처럼 보이는 둥근 물체를 올려놓고 그것을 부리 아랫부분으로 누르고 있다. 여의주는 용왕의 뇌에서 나왔다고 전해지며, 이는 원하는 모든 것을 해낼 수 있을 뿐만 아니라 이를 지닌 이로 하여금 일체의 번뇌와 고통에서 헤어나게 해 주는 신통력을 지닌 물

건으로서 불교에서는 깨달음, 정토淨土의 상징으로 쓰인다.

사당은 곤륜산을 둘러싸고 있는 약수弱水를 건널 수 있게 해주는 신비한 열매로 흔히 봉황이 부리에 물고 있는 모습으로 표현된다. 봉황의 바로 아래, 뚜껑의 가장 윗부분에는 각각 피리, 비파, 소, 거문고, 북을 연주하고 있는 5인의 악사樂士가 있다. 그리고 이들의 음악에 맞춰서 움직이는 듯이 보이는 5마리의 원앙 혹은 기러기가 5개의 큰 산봉우리 위에 앉아 있다.

악사들은 불교의 승려처럼 머리를 민 듯이 보이나 자세히 보면 머리 오른편에 결발*이 있다. 이들의 아래로 곳곳에 짐승과 새, 선인 등으로 채워진 산봉우리들이 솟아 있는데, 위아래로 각각 9개씩 모두 18개의 산봉우리가 높이 솟은 산봉우리를 중심으로 무리를 이루고 있다.

뚜껑 윗부분 곳곳에는 둥근 구멍이 뚫려 있는데, 향로 안의 향이 타면서 발생되는 연기가 바깥으로 빠져나오도록 하기 위한 장치이다. 뚜껑에 표현된 크고 작은 봉우리는 모두 74개에 이르며, 이름을 알 수 없는 새와 용, 호랑이, 사슴, 코끼리, 원숭이를 비롯한 각종 짐승이 39마리, 이들과 함께 모습을 드러낸 선인이나 기마 인물 등이 11명이다. 선인들은 명상에 잠겨 있거나 낚시에 몰두하거나 머리를 감고 있는 다양한 모습과 자세로 표현되어 있다.

향로 몸통은 연꽃잎으로 장식되었으며, 연꽃잎 속은 2명의

●　**결발**　관례를 할 때 상투를 틀거나 쪽을 찐 머리를 말한다.

선인과 26마리에 이르는 짐승과 물고기 등으로 채워져 있다. 받침은 용으로 이루어져 있다. 다리 3개로 바닥을 딛고, 다른 한 다리는 허공을 향해 쳐든 상태로 목을 세워, 머리로 향로의 몸통을 받치는 모습이다. 용이 입으로 문 것은 몸통의 연꽃잎을 펼쳐 나가게 한 연꽃의 줄기이다. 결국 용이 온몸으로 받쳐 든 연꽃에서 산봉우리가 솟고, 그 위로 봉황이 날개를 펼친 채 구만리 창공을 향해 날아가려는 순간이 이 향로에서 표현된 세계인 셈이다.[14]

정양모 전 국립중앙박물관장은 발굴 후에 이 향로를 보고 '백제금동용봉봉래산향로'●라고 명명하였는데, 그 이유를 다음과 같이 말하였다.

"이 향로는 머리를 들어 올린 용을 받침대로 해서 몸 전체에는 산을 표현하였어요. 꼭대기에는 봉황 한 마리가 앉아 있어 외형적으로 신선 사상의 지향점인 삼신산三神山을 가리키는 한漢나라의 박산향로와 형식이 비슷합니다. 삼신산은 신선들이 살고 있다는 산으로 봉래산·방장산·영주산을 지칭합니다.

중국에는 고래로 우리나라가 신역神域이라는 믿음이 있었습니다. 우리 선조들은 곧잘 이 삼신산의 이름을 우리 땅에 비정比定하여 왔고 특히 삼신산 가운데 봉래산이라는 이름을 가장 많이 언

● **백제금동용봉봉래산향로** 이는 향로의 발굴 당시 명칭으로, 이후 이 명칭과 관련해 계속하여 논란이 일자 문화재위원회는 1996년 5월 30일에 이를 국보 제287호로 지정하면서 '백제금동대향로'로 정식 명칭을 결정하였다.

급했지요. 이 향로는 한나라의 박산로에 비해 유례없이 크고 용과 봉황의 비중이 두드러져요. 박산이라는 명칭은 남북조시대 이후 중국의 특정 지역을 비정해서 중국적인 체취가 나는 이름이 되었습니다. 따라서 이번 출토품은 우리 선조들에게 삼신산 중 가장 친근한 봉래산이란 이름을 붙여 '백제금동용봉봉래산향로'라고 한 것입니다."

이 향로를 만든 장인은 그 당시 백제에 뿌리 깊게 내린 민속신선 사상과 불교문화가 어우러진 백제의 고유문화, 그리고 전설 속의 용, 봉황, 각종 동식물에 해박한 지식을 갖춘 지식인이었다. 또한 전통적으로 전수된 금속공예 기술을 겸비한 최고의 기술자이자 조각가로서 융합지식을 갖춘 천재 예술가였다고 볼 수 있다. 이 향로를 보고 있으면 15세기 화가이자 조각가이며 다양한 분야의 융합지식을 갖춘 이탈리아의 천재 예술가 레오나르도 다빈치 Leonardo da Vinci의 세계적 명작 〈모나리자〉가 연상된다. 이름이 알려지지 않은 우리나라의 장인 또한 이러한 레오나르도 다빈치에 견주어도 손색이 없다 하겠다.

제3부

고대세계 최고·최대의
목조 건축물

01

인류를 지키는 생명의 나무

모든 생물의 성장과 행동에 필요한 에너지의 궁극적인 원천은 태양이다. 5억 년 전 지구상에는 동물 세포가 출현하여 바다에 다양한 어류魚類와 해조류海藻類를 형성하였다. 1억 년 후 해조류는 녹색 불꽃인 광합성의 비밀을 터득하여 태양에 마르지 않는 포피를 가지게끔 진화하였고, 차츰 해변의 바위에 붙어 번식하고 성장하면서 아무것도 없는 신천지인 육지를 지배하였다.

녹조류 등 단세포식물이 육상으로 올라오면서 진화하여 나타난 나무는 지구상에 크게 번성하여 거대한 숲을 이루었고, 바다에서 올라온 어류가 새롭고 다양한 동물로 진화하는 수억 년 동안 원초적인 생명의 보금자리가 되었다. 다양한 식물과 나무는 동물과 공존하면서 그들의 생명과 삶을 지켜 주고, 그들이 진화하는 데 많은 혜택과 영감을 주었다. 400만 년 전에 존재한 인류의 조상인 오스트랄로피테쿠스가 현생인류인 호모사피엔스사피엔스로 진화하는 수백만 년 동안 나무는 자연스럽게 인간의 삶 속으로 스며들어 와 생명의 씨앗인 먹거리와 볼거리를 만들어 주고 친구도 되었으며 때로는 신과 같은 경배의 대상이 되었다.

고대 인류에게 있어 나무는 항상 성스러움의 상징인 성물聖物로 나타난다. 하늘을 향하여 높이 치솟은 형상, 무한히 반복되고 있는 죽음과 재생의 생명력은 나무가 어떠한 거룩한 실재를 표현하고 있다는 종교적 직관을 탄생시켰다. 그러므로 세계적으로 널리 발견되고 있는 나무에 대한 신앙은 나무 자체를 신격화한 것이라기보다는 거룩한 존재가 나무를 통하여 나타나게 되었다는 인식에서 비롯한 것이다. 이러한 나무에 나타나는 거룩한 실재는 생명의 근원, 우주의 창조성, 우주의 중심, 지혜의 원천이 되는 신적 존재가 되었다.

생명의 나무와 관련된 신앙은 전 세계에 산재한 신화와 의례에서 보편적으로 발견된다. 북유럽 신화에서는 위그드라실Yggdrasil이라는 거대한 물푸레나무가 세상의 중심이 되어 하늘과 지상, 지하를 연결하는 통로의 역할을 한다고 믿었다. 인도의 고대문헌인 《우파니샤드》에는 우주가 커다란 나무로 표현되어 있고, 《성경》의 〈창세기〉에는 에덴동산의 한가운데에 두 그루의 커다란 나무가 있었다고 기록되어 있다. 이러한 생명의 나무나 지혜의 나무는 붓타가 깨달음을 얻는 자리의 보리수가 되기도 하고, 우리나라 단군신화의 환웅桓雄이 하늘에서 내려오는 통로인 신단수神壇樹가 되기도 한다.

《삼국유사》에 기록된 단군왕검의 탄생 설화는 다음과 같다.

"옛날 환인이 환웅에게 천부인 3개를 주고 가서 세상을 다스리게 하였다. 환웅은 3000명의 무리를 거느리고 태백산 마루에 있는 신단수 밑에 내려와서 그곳을 신시神市라 하고, 자칭 환웅천왕이라 하였다. (중략) 웅녀는 혼인할 사람이 없어 날마다 신단수 밑에서 아이를 가지게 해 달라고 빌었다. 이에 환웅이 거짓 몸으로 변해서 그와 혼인하고, 잉태하여 아들을 낳으니, 이가 곧 단군왕검이다."

신단수의 예에서 보듯이, 고대인이 보는 생명의 나무는 신의 세계와 인간의 세계를 연결하는 축이자 생명력이 흐르는 통로가 된다. 2009년에 발표된 제임스 카메론James Cameron 감독의 영화 〈아바타Avatar〉에서도 우주 생명의 신인 거대한 나무가 등장해 모든 생명체의 어머니 역할을 한다.

우리나라의 양평군 용문산에 있는 높이 41미터의 거대한 '용문사 은행나무'는 1100년 이상의 수령을 자랑하는 신비한 나무로서 조선 세종 때 왕이 앉은 어전에 올라갈 수 있는 벼슬인 당상직첩堂上職牒이 내려졌으며, 마을에서는 굉장히 신성시하여 여러 가지 전설이 전해진다. 커다란 느티나무는 우리 삶 속에 들어와 시골의 마을 복판이나 동구 밖에 멋있게 펼쳐져 있어 뜨거운 여름날 마을 사람들과 지나가는 나그네가 나무 그늘 밑에서 쉴 수 있게 하는 고마운 존재이다.

목조문화의 바탕이 되는 목재, 즉 나무는 우리에게 마을 어귀의 느티나무처럼 땡볕의 그늘이 되기도 하지만 때로는 깨달음의 원천이 된다.《장자莊子》의〈소요유逍遙遊〉를 보면 혜자惠子가 장자를 비난하면서 "가죽나무라는 큰 나무가 있는데 가지가 많고 몸통이 울퉁불퉁하여 길가에 있지만 목수들이 재목으로 쓸 수 없어 거들떠보지도 않으니 크기만 했지 쓸모가 없다"고 말한다. 이에 대해 장자는 "재목으로 쓸 수 있는 좋은 나무라면 벌써 잘려 나가서 이 자리에 없을 것이다. 가지가 많고 휘어져 못생겼기 때문에 재목감이 안 되어 베어지지 않고 지금까지 살아 있는 것 아닌가. 또한 오래 살아 있다 보니 커다란 나무가 되어 마을 사람들과 지나가는 과객이 편히 쉴 수 있는 그늘을 만들게 되었지 않는가"라고 말하였다.

장자는 우리에게 무용無用한 것도 알고 보면 도道이며, 스스로 즐기며 생명을 보존하니 그것이 바로 도를 닦는 대용大用인데, 어

┃ 천연기념물 제274호인 영풍 태장리 느티나무. 자료: 현지답사 촬영

찌 자그마한 지식을 가진 세상 사람들이 그 큰 쓰임을 알 수 있겠느냐고 일깨워 준다. 영주시 순흥면 태장리에 있는 높이 13미터, 가슴 높이 둘레가 8.7미터인 600년 된 거대하고 울퉁불퉁한 느티나무를 보면 장자의 무용의 도를 조금은 알 수 있을 것 같다. 마을 사람들은 이 느티나무를 마을의 안녕과 풍년을 기원하는 수신樹神으로 모시면서 매년 음력 정월 보름에 이 나무 아래에서 동제洞祭를 지낸다. 못생긴 나무가 스스로 신이 된 것이다.

우리 민족뿐만 아니라 전 세계의 고대 인류는 그들 자신의 삶과 가족 공동체를 위한 주거 시설로 처음에는 동굴에 머물거나 간단한 구조의 원형 움집을 지어서 살았다. 구석기시대를 거치면서 공동체 구성원이 점차 늘어났고 용도가 다양해졌다. 또한 자연재해 및 외부 환경으로부터 보호를 받을 수 있는 견고한 주거 시설이 필요해짐에 따라 나무와 흙을 이용한 튼튼한 움집을 지었고 음식물의 저장소를 만들기도 하였다. 신석기시대의 주거지로는 자연 동굴이나 인공 동굴도 발견되지만, 움집이 가장 많이 발견되고 있다.

우리나라 신석기시대의 주거지는 대부분 수혈주거竪穴住居였으며, 황해도 봉산군 지탑리, 평안남도 온천군 운하리 궁산, 함경북도 웅기군 굴포리 서포목, 평안북도 중강군 토성리 등의 유적과 서울 암사동, 경기도 연천군 전곡리, 고창 고인돌무덤, 부산 동삼동 유적에서 움집 형태의 수혈주거지가 발견되었다. 이 시대의 수혈주거지는 평면 형태가 거의 원형圓形 또는 원형에 가까운 방형方

形이며 드물게 정방형 또는 장방형인 것도 있다. 움집의 크기는 지름 6미터 내외, 깊이 0.6미터 내외가 일반적이다. 그러나 움집의 크기가 3.5미터 정도의 매우 작은 것도 있고, 깊이가 1.2미터나 되는 것도 있다.

가장 간단한 목조 건축인 움집은 평지 위에 둥글게 깊지 않은 움을 파고 둘레에 나무 기둥을 안쪽으로 기울도록 세워서 기둥머리가 서로 모이게 한 다음 둘레에 볏짚이나 나뭇가지 등으로 이엉을 만들어 덮어서 바람이나 비가 들어오지 못하게 한 주거지이다. 이것은 아메리카 인디언의 삼각형 텐트와 비슷한 구조를 가진다. 이후에 나타난 이러한 움집보다 좀 더 진화한 형태는 움집 중심부에 큰 나무 기둥을 세우고 그 위에 마룻대에 해당하는 짧은 서까래를 T 자형으로 올린 다음 서까래를 거기에 걸쳐 사방으로 뻗게 하는 것이다.

신석기시대와 청동기시대를 거쳐 철기시대에 접어들면서 주거지에 더 넓은 공간이 필요해져 최소 사각형 주거지의 4개 모서리에 땅을 파서 굵은 기둥을 세운 후 기둥머리를 서로 횡재橫材로 연결하여 움직이지 않게 집의 골격을 구성하고 그 위에 팔八 자형의 용마루가 있는 맞배지붕을 올려 집의 전체 구조를 완성하였다. 초기에는 팔작지붕 골격에 기다란 서까래 나무를 가지런히 놓고 그 위에 볏짚 따위를 덮은 뒤에 흙을 얹어서 비가 새지 않도록 하였고, 벽은 수직으로 세운 기둥과 기둥 사이에 통나무나 널판을 가로질러 대어서 꾸몄다.

| 신석기시대의 움집. 자료: 국립중앙박물관에서 촬영

　발굴을 통해 드러난 신석기시대 이후의 주거지를 살펴보면 움집은 규모가 커서 장방형의 한 면이 4~7미터이고, 넓이는 50~60제곱미터에 이르는 것도 있다. 기원전 7세기 무렵의 것으로 추측되는 경기도 파주군 덕은면의 집터 유적 중에는 깊이가 40~90센티미터, 동서 15.7미터, 남북 3.7미터인 움집도 발견되었다. 움집의 기둥 구멍은 모두 수직을 이루며, 기둥이 주저앉는 것을 막기 위해 주춧돌을 놓기도 하였다. 칸을 막은 흔적이 있는 집터도 발견되었는데 이를 볼 때 움집 내부에 공간 분할도 이루어진 것으로 보인다.

　움집의 중앙부에 있던 화덕이 한쪽으로 밀려나며 2개의 화덕을 갖춘 집이 생겨나고, 출입을 위한 층계나 비탈이 없는 경우도 나타났다. 당시의 주거지 군락을 살펴보면 3~4호 내지 100여 호의 움집이 모여 마을을 이루는 것이 대부분이었다. 부족사회가 발전하여 부족장이나 왕이 기거하고 업무를 볼 수 있는 대규모의 공공건물이 필요해지면서 견고한 목조건물인 움집이 나타나게 되었다.

석기시대부터 발전하기 시작한 움집은 농경시대의 볏짚과 진흙을 이용하여 건축된 현재와 같은 형태의 초가집으로 발전하게 된다. 지상에 건축된 주거 형태 중 우리나라의 기후와 자연환경에 가장 잘 어울리는 것이 바로 초가집이다. 초가집은 우리나라 산에서 가장 흔하게 볼 수 있는 소나무로 집의 기둥을 세우고 추수를 마친 벼의 짚으로 지붕을 쌓은 다음 진흙으로 두껍게 벽을 만들고 창호지 문을 설치한 주거 형태이다. 초가집은 지붕이 가벼운 볏짚으로 되어 있어 기둥에 거의 압력을 주지 않으며, 비가 오거나 눈이 내려 녹아도 빗물이 짚의 결을 따라 흘러내려 잘 새지 않는다.

볏짚은 가볍고 구멍이 많이 나 있어서 단열재 역할을 하기 때문에 여름에는 시원하고 겨울에는 따뜻하다. 또한 벽에 바르는 진흙을 갤 때 짚이나 수수깡을 넣기 때문에 진흙 벽이 낮에 태양열을 흠뻑 받아들인 후 온도가 떨어진 차가운 저녁에 실내로 열을 방출하여 실내의 온도를 조절한다.

이렇게 석기시대의 초가집은 지금의 주거환경에 비추어 본다면 가장 과학적이고 합리적인 에너지 절약형 주택이라고 할 수 있다. 이를 통해 우리 선조가 이미 석기시대부터 움집에서 초가집 그리고 한옥으로 이어지는 주택에 대하여 높은 수준의 자연 친화적인 과학기술을 터득한 지혜로운 민족임을 엿볼 수 있다.

02

목조 건축물의 전성기를 이룬 삼국시대

청동기와 철기시대인 고조선과 원삼국시대에도 초가집 외에 통나무를 정井 자형으로 겹쳐 쌓아 올려 만든 고상가옥과 한옥 형태의 목조 주택, 전각 등의 다양한 형태로 발전된 주거지가 있었다는 것이 중국의 고문서와 발굴된 토기 및 암각화에 나타난다. 철기시대에 편찬된 중국《후한서》의 〈동이열전東夷列傳〉'부여국' 조에는 "이원책위성유궁실창고뢰옥以員柵爲城 有宮室倉庫牢獄"라는 기록이 있는데, 이는 사람들이 궁실宮室, 창고倉庫, 뇌옥牢獄(감옥)이 있는 성과 목책을 만들었다는 내용이다.《후한서》의 다른 기록에 대옥大屋이라는 글도 보이는데, 여기서 대옥은 원시적인 수법으로 된 규모가 큰 건물이라고 생각된다. 부여는 고구려보다 앞서 중국 동북부 지역에 있었던 철기시대의 강대한 부족국가인데, 중국이 부여에 자신들의 나라처럼 성城과 왕이 사는 궁실(궁전) 및 창고가 있었음을 상세히 기록한 것은 부여를 주목할 만한 강대국으로 보았기 때문이다.

2013년 6월 21일에 충청남도 청양군 정혜사의 혜림암 뒤편

고구려 5~6세기에 평양 구역에서 출토된 집 모양 토기
자료: 국립중앙박물관에서 촬영

삼국시대의 고상가옥 토기
자료: 국립김해박물관에서 촬영

에서 암각화가 그려진 바위를 발견하였다. 이 바위는 가로 1미터, 세로 80센티미터의 크기로, 가로 61센티미터에 세로 35센티미터 크기의 바위 한쪽 면에 원삼국시대의 것으로 추정되는 건축물이 그려져 있다. 그림은 바위를 다듬고 날카로운 금속도구 등으로 가는 선을 그어 형상을 만든 세선각화이다.

　암각화 전문가인 김호석 한국전통문화대학교 교수에 따르면, 세선 암각화는 암각화 발전과정에서 볼 때 청동기시대 후기부터 삼국시대(약 4~7세기 중반)까지 존재하다가 역사시대에 접어들면서 사라진 바위그림 양식이다. 정혜사 암각화는 강가에 자리 잡은 마을 풍경을 그린 것으로, 산을 근경으로 하여 건물 7채가 있는 마을이 펼쳐지고, 멀리 돛단배 2척이 보인다. 마을은 담에 홍살문 모양의 대문을 낸 가옥 3채와, 가운데 정원과 3층 누각을 에워

싼 가옥 3채로 구성되어 있다.

이 암각화에서 5개의 건축물 도형이 명확하게 확인되었는데, 모두 기와지붕으로 일부는 팔작지붕 형태를 보인다. 건축물 중 4개는 고상가옥 형태이고, 1개는 평지가옥 형태이다. 고상가옥은 현재의 수상가옥과 비슷한 형태로 지표 위에 기둥을 세우고 그 위에 거주 공간과 창고 등을 만든 건축물이다. 침수나 습기, 동물이나 독충 등의 피해를 막고 토지 이용의 효율성을 높이기 위한 건축물 형식이다.[1]

임세권과 박희현 교수는 "전해지는 고상가옥은 없지만 관련 유적은 확인되고 있다"며 "고상가옥은 청동기부터 삼국시대 주택이나 창고, 제단, 망루 등 다양한 용도로 활용된 건축물"이라고 설명하였다. 암각화 속 고상가옥의 기둥은 밑동을 동그랗게 깊이 파 강조함으로써 지표에 깊게 박혀 있음을 보여 준다.[2]

| 정혜사 뒷산의 건물 조각 암각화 탁본. 자료: 한국암각화학회 제공

건축물 일부는 정면, 측면, 조감 등 여러 시각에서 본 형태를 하나로 조합해 그렸다. 지붕 양쪽 끝에는 건축물 규모에 비해 큰 치미*가 그려져 있다. 과장스럽게 표현된 치미를 통해 건물의 규모가 그림보다 더 크다거나 어떤 권위를 상징하는 사찰 건물이나 행정 관서를 표현한 것으로 추정할 수 있다.

나무를 이용한 주택이나 공공건물의 건축 외에도 냇가나 강을 건너는 다리, 마을의 경계표지로서의 장승이나 종교 건물, 생활도구에 대한 수요가 지속적으로 생기고 그것이 만들어지면서 자연히 목조문화가 형성되었다. 그러나 나무를 이용한 건축물이나 여러 가지 종교 시설 등은 나무의 특성상 화재로 인하여 소실되거나, 수백 년이 지나는 동안 목재가 썩어서 허물어지고 없어지게 된다. 때문에 수천 년이 지난 지금까지 고대인이 사용하거나 건축한 목조건물이 남아 있는 경우는 매우 드물다.

특히 삼국시대에 많은 목조건물이 있었다는 역사 기록이 있지만 우리나라에는 삼국시대에 건축된 건물은 남아 있는 것이 전혀 없는 실정이다. 그나마 다행히도 고상가옥 토기(삼국시대)가 발굴되었고, 《삼국사기》와 《삼국유사》의 목조 건축 기록과 목조건물 양식을 그대로 재현하여 만든 석조건물인 삼국시대 탑 등이 일부 남아 있다. 또한 백제인이 일본에 건너가 만든 목조건물과 고려시대의 목조건물이 현존하고 있어 삼국시대 당시의 목조건물 양식

●   **치미**   고대 목조 건축에서 용마루의 양 끝에 부착한 대형 장식기와를 말한다.

을 유추할 수 있다.

　삼국시대의 고구려, 백제, 신라는 청동기와 철기시대를 거치며 국가의 틀을 갖추게 되었고, 이에 따라 왕이 거주하는 궁성과 백성의 주택 및 공공건물을 건축하게 되었다. 각국은 적의 침략을 효과적으로 막을 수 있는 평지성平地城과 산성山城은 주로 돌과 흙으로 건축하였지만 주거 시설과 주택은 대부분 나무로 지은 목조건물이었다.

　고구려는 동북아시아 최대 제국의 면모에 걸맞게 많은 성과 궁궐을 건축하였으며 신라와 백제도 왕성을 비롯해 많은 성읍에 궁궐과 주택을 건축하였는데 대부분 목조 건축물이었다. 삼국시대의 목조건물은 남아 있는 것이 없어 정확한 형태와 구조는 알 수 없지만 다행히도 출토된 토기와 청동기 유물, 고구려 벽화 및

집 모양 뼈 그릇 토기
자료: 국립중앙박물관에서 촬영

암각화 등에 있는 건물 묘사를 통해 당시 건물의 형태와 구조를 유추할 수 있다. 신라·가야시대의 '집 모양 토기'에서도 목조 주택의 형태를 엿볼 수 있으며, 경주 북군동에서 출토된 통일신라시대(8세기)의 '집 모양 뼈 그릇 토기'는 요즘 한옥 주택처럼 암수 기와를 가지런히 이은 팔작지붕의 기와집 형태이다.

충청남도 청양군에서 발견된 '건물 암각화'에 그려진 고상가옥 그림을 보면 건물의 형태와 치마가 두공의 받침에 의해 지어졌음을 알 수 있다. 또한 고구려 벽화를 살펴보면 고구려의 궁성이나 주택에 두공 구조 건축기술이 적용된 것을 발견할 수 있다. 우리나라의 목조 건축은 먼저 땅을 단단히 다져 평평하게 한 다음, 기둥을 세울 자리에 주춧돌을 놓는다. 그리고 주춧돌 위에 기둥을 세우고 그 기둥 위에 지붕을 얹기 위해 들보를 수평으로 놓고 골조를 올린 다음 지붕을 얹는다. 무거운 기와를 이은 지붕의 무게를 하나의 기둥으로 받쳐야 하기 때문에 기둥의 간격을 넓히고 지붕의 무게로 받는 힘을 분산하기 위해 기둥 위에 나무판자를 얹고 또 다른 나무를 앞이 나오도록 엮어 튼튼한 역삼각형의 나무 받침대를 만든다.

목조로 만들어진 궁궐이나 사찰을 보면 기둥과 지붕 사이에 역삼각형으로 올라가는 나무 받침대를 볼 수 있는데, 그것이 바로 공포栱包이다. 보통 공포는 보기 좋게 하려고 잘 조각하여 단청으로 칠해 놓아 건물의 장식물처럼 보인다. 두공은 나무 기둥 위의 공포를 말하기도 하고 공포 전체의 구조물을 말하기도 한다.

| **부석사 조사당의 공포**. 자료: 현지답사 촬영

03

동북아시아 고구려제국의 안학궁

건물 형태가 나타나는 고구려 벽화로는 안악 1호분과 안악 3호분 및 덕흥리 고분 등이 있는데, 안악 1호분 벽화에는 여러 채의 전각이 있는 궁궐의 모습이 그려져 있다. 안악 3호분에는 건물을 그린 그림은 없으나 전실과 주실 사이에 단청된 석재나 동쪽 벽 끝의 기둥과 두공을 보면 목조 건축의 두공 양식을 발견할 수 있다. 또한 안악 1호분 벽화의 건물 지붕 모양을 보면 지붕의 선이 곡선을 이루고 추녀가 올라간 것을 알 수 있다. 덕흥리 고분의 벽화에는 지붕이 있는 건물이 매우 간결하게 그려져 있는데, 이는 음식을 만드는 주방을 그린 것으로 추정된다.

고구려 벽화에 나타난 두공은 모두 세 종류의 구조를 가지고 있다. 가장 간단한 두공은 일반 부속 건물이나 회랑 또는 창고 같은 곳에 사용한 것으로 첨차(빈 구멍)를 고이지 않고 기둥 위에 바로 굄목을 고인 것이다. 일반적으로 전각이나 귀족이 사는 주택 또는 사찰 건물에는 첨차가 1겹인 두공과 2겹인 이중 두공이 있다. 안악 1호분 내부의 벽화에서 볼 수 있는 복잡한 두공 구조는

| 덕흥리 고분 벽화. 자료: 《조선고적도보》에서 발췌

짧은 첨차와 긴 첨차로 이루어진 겹첨차형이다. 목조 건축 공학적으로 볼 때 두공의 가장 안정적인 형태는 삼각형이다. 나무를 역삼각형으로 만들어 놓으면 위에서 지붕이 누르는 무게의 힘을 잘 분산하면서 받치는 힘이 커지게 된다. 나무를 삼각형으로 맞추면 가운데 공간이 생기는데 그 공간이 바로 첨차이다.

큰 건물일수록 첨차가 많아지고 첨차가 많아지면 역삼각형 구조를 모양 있게 나타내기 위해 아름답게 조각하고 단청을 입혀 화려하고 웅장히 보이도록 한다. 고구려 벽화 중 건물이 묘사된 쌍영총, 천왕지신총, 안악 1·3호분, 약수리 고분, 요동성총 등의 벽화를 보면 대부분의 전각이 2층 또는 3층으로 되어 있고 두공이 이중 또는 삼중 첨차를 가진 구조로 되어 있다. 이를 볼 때 당시의 목조 건축이 다양하고 높은 건축기술을 보유한 것을 알 수 있다.

고구려의 궁성과 산성에는 목조건물은 남아 있는 것이 없고 대부분 성벽의 일부만이 남아 있다. 국내성도 궁성의 자취는 없고 성벽만 일부 남아 있어 궁성의 크기는 알 수 없다. 고구려는 427년에 국내성에서 장안성으로 천도하였는데 다행히 평양의 대성산에 있었던 장안성 내 안학궁安鶴宮터가 온전하게 남아 있었고, 1958~1961년에 걸친 북한의 궁성터 발굴로 안학궁의 전체 규모가 밝혀졌다. 고구려의 궁전 건축을 확실하게 보여 주는 것은 우리나라에서 안학궁터가 유일하다.

안학궁터에서는 사방 2480미터 되는 토성 안에 성벽 20개소, 궁성문 자리 6개소, 해자 자리 2개소, 궁전 터 21개, 회랑 31개, 회랑문 터 8개 등이 발굴되어 궁성의 총 건평이 3만 1458제곱미터였음이 확인되었다. 안학궁터(총 면적 38만 제곱미터)의 전체 크기는 지금 경복궁(34만 3888제곱미터)과 비슷하지만 1500년 전에 건축된 것임을 감안하면 대단히 큰 규모이다. 안학궁에는 크고 작은 건축물이 모두 52채였는데, 이는 고구려 자인 일명 고구려척高句麗尺으로 계산하기 쉬운 50자의 일정한 배수인 150, 300, 450, 900, 1800자를 사용해 질서 있게 설계되었다. 고구려 건축가들은 일정한 배수로 궁전의 크기, 건축물의 간격과 위치를 잡았다.

안학궁의 평면 설계를 보면 대각선으로 전개되는 배치가 나타나는데, 정삼각형의 꼭짓점에 주요 건물을 배치하였다. 안학궁의 중심인 왕이 정사를 보는 중궁中宮의 건물 크기가 앞면이 90.5미터이고 옆면이 33미터였는데 중국 당나라 때(663년) 장안

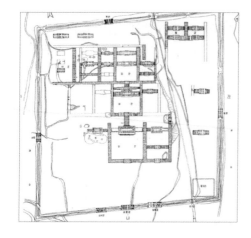

고구려 안학궁 건물 배치도
자료: www.baidu.com에서 검색

성 내 최대의 궁전인 대명궁의 정전正殿인 함원전은 앞면이 75.9미
터이고 옆면이 41.3미터였다. 또한 안학궁의 성벽 중에서 남쪽 성
벽의 가운데에 위치한 남문(정문)의 기초 주춧돌이 있었던 기초
시설물의 배치를 연구하여 보고한 〈안학궁 남문의 초보적 복원〉
에 따르면 남문의 면적은 약 400제곱미터에 달하며 건물은 우진
각 지붕의 2층에서 나타나는 문루 형식의 목조 건축물이다. 남문
의 규모는 평양의 대동문이나 보통문, 서울의 남대문이나 동대문
의 문루보다 2.5배나 큰 것이다.[3]

　고구려 안학궁의 중궁과 당唐의 대명궁 함원전을 비교해 볼
때, 면적은 거의 비슷하지만 중궁이 앞면 길이가 약 15미터 더 커
서 건물의 위용이 더 높아 보였을 것이다. 또한 안학궁이 현재 경
복궁 근정전(앞면 길이가 30.7미터)보다 3배나 큰 건물이었음을 감
안하면 당시 당나라 장안성과 비교하여도 고구려가 당나라와 동

| 고구려 안학궁 복원 모형도. 자료: www.baidu.com에서 검색

등한 국력을 갖춘 동북아 제국의 면모를 보여 주었다고 생각된다. 안학궁의 궁성 복원도를 보면 당시의 궁성은 천왕지신총 벽화에 그려진 기둥, 두공, 도리, 활개 등을 본떠 만든 목조건물이다. 이를 통해 거대한 안학궁을 건축한 고구려의 왕궁 목조 건축기술이 중국을 능가할 정도로 발달하였으며 이러한 목조 건축기술이 백제와 신라 그리고 일본으로 전파되고, 고려와 조선시대까지 계승되어 우리나라가 훌륭한 목조문화를 가지게 되었음을 알 수 있다.

앞에서 언급한 고구려척은 당시 건축에 사용한 길이 측정 기준자로서 중국에서는 당척唐尺을 사용하였는데 고구려에서는 고구려척이라는 중국과 다른 표준자를 사용하였고 이것을 백제와 신라 및 일본에서도 공통으로 사용하였다. 7세기경 일본에서 고마척高麗尺을 사용하였다는《일본서기》의 기록이 있는데, 고마척은 바로 고구려에서 전래된 고구려척을 말하는 것이다. 이는 21세기 현재의 건축과 전기, 전자 등의 기술 표준을 정할 때 전 세계가 자국에서 개발한 표준을 세계 표준으로 설정하고자 경쟁하는 것과 같이 1500년 전 당시 건축기술과 건축표준에서도 고구려가 동아시아 강대국인 중국과 대등한 위치에 있음을 보여 준다.[4]

삼국시대의 건축물 중 왕궁의 전각殿閣과 불교 사원寺院, 다리 등 공공 건축물 및 민간 주택은 대부분 목조건물이다. 삼국시대의 목조건물이 한국적인 특색과 아름다움을 갖춘 목조문화를 만들었고, 이 목조문화가 고려와 조선에 이어져 현재의 경복궁 전각이나 전통 한옥으로 나타났다. 우리나라의 목조 건축은 자연을 억압하거나 지배하지 않고 자연 속에 파고들어 가 자연과 융합하여 자연의 아름다움을 더해 주고 보완하는 역할을 하며 공존한다.

전 국립중앙박물관장 최순우 선생은 한국적 아름다움에 대한 천부적인 혜안을 지녔다. 그는 저서 《무량수전 배흘림기둥에 기대서서》에서 한국의 건축물에 대해 다음과 같이 말하였다.[5]

"원래 한국 사람들은 자연풍광 속에 집 한 채 멋지게 들여세우는 뛰어난 천분을 지녔다. 조그만 정자 한 채는 물론 큰 누대나 주택에 이르기까지 뒷산의 높이와 앞뒷벌의 넓이, 그리고 거기에 알맞은 지붕의 높이와 크기에 이르기까지 조선인의 형안은 상쾌하다고 할 만큼 자동적으로 이것을 잘 가늠하는 재질을 지니고 있었다. 멀리 안산이 어떻게 보여야 되느니 좌청룡 우백호가 어떠해야 되느니 하여 집 안에서 먼 곳을 바라보는 즐거움과, 반대로 먼 곳에서 그 집채를 바라보는 즐거움을 매우 대견하게 알아온 사람들이다. 따라서 한국의 건축은 먼 곳에서 바라볼 때 한층 눈맛이 나는 특징을 지녔다고 할 수 있다."

이러한 특징은 중국이나 일본의 건축과 상당히 차이가 나는 요소 중 하나이며, 우리나라만이 가지고 있는 목조 건축의 아름다움의 근원이다.

신라 후기 도선대사가 기록했다는 《도선비기》에서는 우리나라 최고의 명당으로 소백산 아래의 풍기 금계리를 지명하였고, 조선 최고의 예언서 《정감록》에서도 풍기 금계리를 십승지+勝地 중 첫 번째라고 하였다. 필자는 2014년 7월에 풍기 금계리에 가 보았는데, 풍수지리를 모르는 입장임에도 소백산에서 뻗어 내려오는 산세와 평온한 금계리 마을을 보고 과연 명당이구나 하고 은연중에 감탄하였다. 풍광이 수려하고 울창한 소나무 사이의 금계천에 걸쳐 있는 금선정을 보았을 때는 그 경치에 매료되어 한국인이 자연 속에 멋진 정자나 집을 짓는 안목을 칭찬한 최순우 선생의 이야기가 저절로 떠오른다.

동북아시아의 한국과 중국, 일본의 목조 주택과 궁궐 및 사원의 건물은 고대부터 2~3층 건물에 기와를 올린 지붕을 가지고 있다. 특히 우리나라 목조건물의 지붕 모양은 용마루에서 내려오다가 처마 끝에 이르면 다시 하늘로 올라가는 곡선을 이루고 있으며, 지붕의 밑면도 부드러운 곡선의 형태이다. 이러한 지붕의 부

| 자연과 어우러진 금계천의 금선정. 자료: 현지답사 촬영

드러운 곡선은 자연과 어우러져 목조건물의 아름다움을 더한다.

　　중국의 목조건물 지붕의 곡선은 용마루에서 처마까지는 직선으로 내려오다가 갑자기 하늘로 들쳐 올린 구조이고, 지붕의 밑면도 일직선으로 되어 있어 매우 크고 웅장하게 보이도록 한 것이 특색이다.

　　일본의 목조건물 지붕도 중국과 비슷하게 직선 위주로 매우 크며, 지붕 중간에 반원형의 돌출 구조물을 두어 건축물이 사람들을 위압적으로 내려 보게 하였다. 한국과 중국, 일본의 목조건물의 구조와 지붕만 비교해 보아도 우리나라의 목조건물이 주위의 자연과 잘 어우러져 훨씬 아름답게 보인다. 추측하건대, 이러한 국가별 목조건물의 차이는 민족성과 관련이 있어서 고대에 목조건축이 시작된 때부터 형성되었을 것으로 보인다.

| 경복궁 근정전. 자료: 현지답사 촬영

| 자금성 태화전. 자료: www.goole.co.kr에서 검색

| 도다이지(동대사) 대불전. 자료: www.todaiji.or.jp

04

불국토를 염원한 삼국의 사찰 목조건물

목조건물 중에서 왕궁의 전각과 주택 다음으로 가장 많은 비중을 차지하는 것이 사찰 건물이다. 절은 부처님을 모시고 부처님의 가르침을 닦는 성스러운 곳으로 불佛·법法·승僧의 삼보三寶가 두루 갖추어진 도량道場*이다. 전각을 포함하여 사찰 속의 모든 것은 우연히 이루어진 것이 하나도 없다. 그 속에는 불교의 사상이, 부처님의 숨결이, 그리고 그것을 만든 장인의 불심과 합일된 장인혼이 살아 숨 쉬고 있다. 따라서 사찰 내에서 핵심을 이루는 대웅전, 불상, 탑, 종각, 산문 등 다양한 목적과 기능을 가지는 목조건물이 당대 최고의 기술과 예술 감각을 갖춘 목공들에 의해 건축되었다.

우리나라의 불교는 고구려 소수림왕 2년(372년)에 중국의 전진前秦(351~394년)에서 전래하였고, 백제에는 384년 중국 동진東晉

● **도량**　부처나 보살이 도를 얻는 곳 또는 도를 얻기 위하여 수행하는 곳을 말한다. 지금은 불도를 수행하는 절이나 승려가 모인 곳을 말하기도 한다.

| **직지사 내 목조건물**. 자료: 현지답사 촬영

(317~420년)에서 들어왔다. 고려 고종 2년(1215년)에 승려 각훈覺訓이 왕의 명령에 따라 지은《해동고승전海東高僧傳》에 따르면 우리나라 최초의 절은 372년 고구려의 평양에 세워진 초문사이다. 이후 이불란사가 건축되었고, 광개토대왕 2년인 393년에 평양에 9개의 사찰을 건립하였다는 기록이 있다.

이렇게 고구려, 백제, 신라의 삼국시대와 통일신라시대에 많은 사찰이 건축되기는 하였지만 화재 등으로 소실되고 현재 남아 있는 목조건물은 아쉽게도 하나도 없다. 우리나라에 지금까지 남아 있는 오래된 목조건물은 고려시대에 지어진 것으로 남북한을 합쳐도 10채 정도에 불과하다. 건물의 창건 및 중수 기록인 상량문上樑文에 근거하면 최고의 목조건물은 1376년 고려 우왕 2년에 중수한 부석사 무량수전無量壽殿으로 그간 알려졌는데, 최근 발견된 봉정사 극락전極樂殿의 중수기록이 무량수전보다 10년 정도 앞서며 건축 양식이 더 오래된 것으로 판명되었다. 보통 건물을 크게 수리하는 중수의 경우는 건물이 세워진 지 150~200년 후쯤이기 때문에 현존하는 고려시대 사찰 건물 중 봉정사 극락전이 최고의 목조건물이라 할 수 있으며, 12~13세기경인 고려 초기나 중기의 건축에 해당한다.

현재 사지寺址(절터)가 남아 있는 고구려의 사찰 중에서 대표적인 것으로 평양 청암리사지淸岩里寺址, 대동군 상오리사지上五里寺址, 평원군 원오리사지元五里寺址 등이 있다. 청암리사지는 1938년과 1939년에 발굴 조사하여 사찰의 규모와 가람배치伽藍配置*가 알려졌다. 가람배치의 특성을 보면 절의 크기와 목조건물 그리고 목탑의 규모 등을 어느 정도 예측할 수 있는데, 청암리사지는 8각의 대기단大基壇을 중심으로 동서쪽과 북쪽에 8각 기단을 향하여 3개의 큰 건물이 배치되었고 남쪽에서는 2개의 문門으로 보이는 건물터가 발견되었다. 특히 고구려의 가람배치의 특성을 살펴보면 중앙의 8각 기단에 거대한 목탑을 세우고 주위에 금당金堂 또는 부속 건물을 두었으며 건물 주위에 회랑을 갖춘 매우 큰 규모의 사찰을 건

● **가람배치** 가람은 사찰을 의미하며, 가람배치는 사찰 건축의 형식적인 틀 혹은 정형적인 공간배치를 뜻한다. 즉, 불교사원을 건축할 때 주요 건물인 금당, 탑, 문, 회랑, 강당, 경루, 종루, 승방 등의 규모와 건물 상호 간의 거리 및 위치 등을 결정하는 공간적인 규칙성을 말한다.

립하였다.

　백제의 사찰은 부여 지방을 중심으로 많이 남아 있는데 1탑식 가람배치인 금강사지金剛寺址, 독특한 가람배치를 가지고 있는 익산의 미륵사지彌勒寺址 등이 있다. 《삼국유사》에 따르면 백제 무왕(재위 600~641년)이 왕비와 함께 사자사獅子寺로 향하던 중 큰 연못 속에서 미륵삼존불이 나타나자 왕비가 이곳에 절을 세우기를 소원하여 못을 메우고 그 자리에 탑과 법당, 미륵삼회전, 낭무廊廡를 세운 후 미륵사라 이름 붙였다고 한다. 이 절이 언제 없어졌는지는 알 수 없으나 17세기 이전에 미륵사지 석탑이 벼락을 맞고 무너졌다는 《와유록臥遊錄》의 기록을 보아 그 이전에 화재로 소실되었을 것으로 추측된다. 7세기 초는 삼국의 영토 경쟁이 최고조에 달한 시기로서 각국은 국력을 과시하기 위하여 앞다투어 거대

| 미륵사 복원 모형도. 자료: 미륵사지 전시관에서 촬영

한 사찰을 건축하였는데 미륵사도 이 시기에 건축된 백제의 대규모 국찰國刹이다.

1974년에 미륵사지를 발굴 조사하였는데, 그 결과 현존하는 서편 석탑과 동탑지東塔址 가운데에서 목탑 유구가 발굴되었으며, 서탑은 동탑과 똑같은 높이와 구조를 갖추고 있었다는 사실이 밝혀졌다. 미륵사는 백제 사원의 전형적인 가람배치를 따르는 사찰로 남북 중심축 선상에 남에서부터 중문, 탑, 금당, 강당을 배열하였고, 중문과 강당 사이를 회랑으로 두르고 1탑식 가람을 동서로 나란히 3개소씩 지었다. 각 가람의 마당에는 탑을 건립하였는데, 그중 중앙에 있는 목탑의 크기가 가장 컸다. 그 좌우에는 석탑을 세웠는데 서탑만 남고 동탑은 소실되었으나 이후에 복원하였다.

삼국시대의 사찰 건물은 남아 있지 않지만 그 시기의 사찰 건물의 기법을 엿볼 수 있는 고려시대의 목조건물이 일부 남아 있다. 그중에서도 가장 오래된 영주 부석사浮石寺는 신라 문무왕 16년(676년)에 의상대사가 왕명을 받들어 창건하고 화엄의 대교를 펴던 곳으로, 창건에 얽힌 의상과 선묘 아가씨의 애틋한 사랑에 관한 설화가 잘 알려져 있다. 고려 현종 7년(1016년)에 원융국사圓融國師가 무량수전을 중창하여 현재에 이르렀고 이는 국보 제18호로 지정되어 있다.

무량수전은 정면 5칸, 측면 3칸으로 구성된 주심포식 팔작집으로 통일신라시대의 사찰 양식을 따랐다. 내부에는 서쪽에 가로

| **영주 부석사 무량수전**. 자료: 현지답사 촬영

불단佛壇을 두고, 그 위에 장륙丈六의 석가여래상을 동쪽으로 향하게 안치하였다. 배흘림기둥,* 삼중으로 맵시 있게 겹쳐진 포작包作, 이중연二重椽으로 인한 지붕의 가벼운 곡선, 철상명조徹上明造의 내부 천장 등이 무량수전의 특색이며, 전체적으로 장중한 모습을 갖추고 있다.

자연에 대한 깊은 애정과 이해에서 비롯된 한국 건축미의 아

● **배흘림기둥** 엔타시스 양식이라고 하며, 완전히 평행한 기둥은 중간 부분이 가늘게 보이는 착시 현상이 일어나기 때문에 건물의 조화와 안정을 위하여 기둥 중간 부분의 배가 약간 부르도록 한 건축 양식을 말한다. 대개 기둥 높이의 1/3 지점이 가장 굵다. 고대 그리스와 로마의 신전 건축에서 주로 사용되었으며, 우리나라에서는 부석사 무량수전, 수덕사 대웅전, 화엄사 대웅전 등에서 찾아볼 수 있다.

름다움을 서술한 최순우 선생의 저서 《무량수전 배흘림기둥에 기대서서》에 부석사 무량수전에 대한 다음과 같은 아름다운 글이 쓰여 있다.[6]

"무량수전은 고려 중기의 건축이지만 우리 민족이 보존해 온 목조 건축 중에서는 가장 아름답고 오래된 건물임이 틀림없다. 기둥 높이와 굵기, 사뿐히 고개를 든 지붕 추녀의 곡선과 그 기둥이 주는 조화, 간결하면서도 역학적이며 기능에 충실한 주심포의 아름다움, 이것은 꼭 갖출 것만을 갖춘 필요미이며 문창살 하나 문지방 하나에도 나타나 있는 비례의 상쾌함이 이를 데가 없다. 멀찍이서 바라봐도 가까이서 쓰다듬어 봐도 무량수전은 의젓하고도 너그러운 자태이며 근시안적인 신경질이나 거드름이 없다. 무량수전이 지니고 있는 이러한 지체야말로 석굴암 건축이나 불국사 돌계단의 구조와 함께 우리 건축이 지니는 참 멋, 즉 조상들의 안목과 그 미덕이 어떠하다는 실증을 보여 주는 본보기라 할 수밖에 없다."

부석사의 건물과 사찰을 산이 아늑하고 시원하게 품고 있는 아름다운 경치에 대해서 조선조의 유명한 방랑시인인 김삿갓이 시 한 수를 써 부석사에 남겼는데, 그의 삶과 자연에 대한 격조 높은 뜻은 고단한 현대의 삶을 살아가는 우리가 돌아보아야 할 깨달음이다.

浮石寺

平生未暇踏名區	평생에 여가 없어 이름난 곳 못 왔더니
白首今登安養樓	백수가 된 오늘에야 안양루에 올랐구나
江山似畵東南列	그림 같은 강산은 동남으로 벌려 있고
天地如萍日夜浮	천지는 부평 같아 밤낮으로 떠 있구나
風塵萬事忽忽馬	지나간 모든 일이 말 타고 달려온 듯
宇宙一身泛泛鳧	우주 간에 내 한 몸이 오리마냥 헤엄치네
百年幾得看勝景	백 년 동안 몇 번이나 이런 경치 구경할까
歲月無情老丈夫	세월은 무정하다 나는 벌써 늙어 있네

우리나라 사찰에 있는 목조건물 중에는 원목이 자연스럽게 휘어진 상태를 그대로 살린 나무 기둥이 있는데, 이것이 자연과 어울리고 소박한 멋을 내고 있는 것 또한 한국 특유의 자연미를 살리는 목조문화에 기인한 것이다. 충청남도 서산에 있는 개심사는 백제 의자왕 14년(654년)에 창건되어 여러 차례 중수와 개축을 하여 현재에 이르렀는데, 절의 목조 기둥으로 휘어진 자연목을 그대로 사용하여 목조건물의 또 다른 아름다움을 보여 준다.

개심사 건물 기둥
자료: 현지답사 촬영

05
세계 최고층의 황룡사 9층 목탑

일본 나라 현에 있는 호류지法隆寺(법륭사)의 목조건물은 현존
하는 세계 최고의 목조건물로 스이코 천황의 조카 쇼토쿠 태자가
백제 기술자들을 초빙하여 601~607년에 세웠다. 호류지의 목조

호류지 5층 목탑
자료: ja.wikipedia.org에서 검색

건물은 일본 최초의 유네스코 세계문화유산이며 일본이 가장 자랑하는 1400년 전 건축물이다. 백제 기술자들이 건축한 호류지의 건물 중 금당과 5층 목탑이 있는데, 고구려 화가 담징曇徵이 벽화를 그렸다는 금당은 최근에 화재로 소실되고 현재는 5층 목탑과 부속 건물만 보존되어 있다. 이 탑의 형태와 구조가 정림사지 5층 석탑과 매우 유사하여 눈으로 보아도 같은 축조기술로 지었음을 알 수 있다.

백제인이 건축한 호류지의 5층 목탑은 현존하는 가장 오래된 목조건물이지만 신라의 황룡사皇龍寺 9층 목탑과는 높이와 구조에 있어서 비교되지 않는다.《삼국사기》와《삼국유사》에 따르면, 신라 제24대 진흥왕 14년(553년)에 본궁 남쪽에 새로운 대궐을 짓다가 그곳에서 황룡이 나타났는데, 이 터에 호국불사護國佛寺를 만드는 것이 나라에 더 이로울 것이라는 대신들의 의견에 따라 사찰을 착공하고 이름을 황룡사라 하였다.

이렇게 착공된 황룡사는 17년 만인 진흥왕 30년(569년)에 1차 완공되었고, 그 후 여러 차례 중건과 보수를 거친 신라 최대의 사찰이다. 특히 신라삼보新羅三寶* 중 두 가지인 장륙존상丈六尊像과 9층 목탑이 이 절에 있었고, 화가로 성인 칭호를 받는 솔거率居의 금당벽화도 이곳에 있었다.

● **신라삼보** 신라 왕실의 권위와 호국을 상징하는 세 가지 보물을 말한다. 보물 중 나머지 하나는 진평왕이 하늘로부터 받았다는 허리띠인 천사옥대(天賜玉帶)이다.

황룡사지를 발굴한 결과에 따르면 사찰의 전체 규모는 2만 5000여 평에 달한다. 사찰의 가람배치에는 중문中門, 탑, 금당 등 주요 건물이 있었다. 황룡사는 삼국시대 가람배치의 정형인 1탑一塔의 형식을 충실하게 따르는데, 남쪽에서부터 중문, 탑, 금당, 강당의 순으로 배치되어 있으며 그 주위에 회랑을 돌려 명실공히 국찰로서의 면모를 갖추었다.

황룡사의 가람배치에서 중심은 9층 목탑이었는데, 9층 목탑을 만들게 된 이유는 다음과 같다. 당나라로 유학을 간 자장율사가 태화지太和池 옆을 지날 때 신인神人이 나타나 "황룡사 호국룡은

황룡사지 9층 목탑 복원도
자료: 황룡사지 전시관에서 촬영

중국 불궁사 5층 목탑
자료: www.baidu.com에서 검색

나의 장자로 범왕梵王의 명을 받아 그 절을 보호하고 있으니, 본국에 돌아가서 그 절에 9층탑을 이룩하면 이웃 나라가 항복하고 구한九韓이 와서 조공하며 왕업이 길이 태평할 것이요, 탑을 세운 뒤에 팔관회八關會를 베풀고 죄인을 구하면 외적이 해치지 못할 것이다"라고 하였다. 이에 자장은 당나라 황제가 준 불경, 불상, 가사, 폐백 등을 가지고 선덕여왕 12년(643년)에 귀국하여 왕에게 탑을 세울 것을 청하였다.

자장의 청원에 따라 조정에서는 목조 건축의 최고 기술자인 백제의 아비지阿非知를 초청하였으며, 아비지는 목탑 기술자 200명을 거느리고 신라에 와서 황룡사 목탑을 건축하였다. 아마도 신라에는 9층의 목탑을 건축할 만한 기술이 없었던 것으로 보이며, 백제는 황룡사 목탑을 건축하기 전인 640년경에 전북 익산 미륵사에 이미 9층 목탑을 세웠다고 한다. 추측하건대, 신라에서는 백제의 기술자인 아비지가 5년 전에 미륵사 9층 목탑을 세운 것을 보고 그를 초청한 것으로 보인다.

황룡사 목탑의 총 높이는 225척(약 80미터)이었으며, 완공 당시 자장은 부처의 진신사리眞身舍利 100립粒을 탑 속에 봉안하였다고 한다. 황룡사 9층 목탑의 각 층은 1층부터 9층까지 일본, 중화中華, 오월吳越, 탁라乇羅, 응유鷹遊, 말갈靺鞨, 단국丹國, 여적女狄, 예맥濊貊의 9개국을 상징하는데, 이는 이들 국가의 침략을 막을 수 있다는 뜻을 담고 있다.

이 탑은 통일신라시대에 벼락에 의한 화재 등으로 다섯 차례의 중수를 거듭하여 고려시대까지 건재하였으나 고려 고종 25년 (1238년)에 몽골군의 침략에 따른 방화로 가람 전체가 불타 버린 이후 복구되지 못하였고, 현재까지 절터만 남아 있다. 몽골군의 방화에 의한 황룡사의 소실은 9층 목탑뿐만 아니라《삼국유사》에서 전하는 무게가 3만 5000근이며 1만 198분의 황금이 들어간 동양 최대의 장륙존상과 현재 국립경주박물관에 있는 성덕대왕신종聖德大王神鐘보다 4배 더 크고 17년 앞서 주조된 동종銅鐘 등 세계 최고이자 최대의 보물을 함께 잃은 안타까운 역사적 사건이다.

645년을 전후하여 전 세계에서 고층 목조건물을 건축한 국가는 고구려, 백제, 신라 및 중국과 일본뿐인데, 건축된 가장 높은

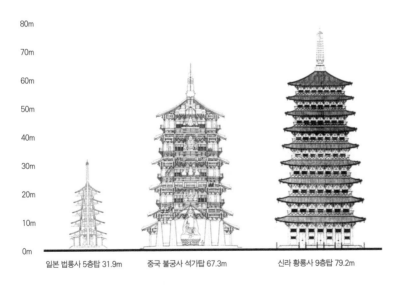

일본 법룡사 5층탑 31.9m   중국 불궁사 석가탑 67.3m   신라 황룡사 9층탑 79.2m

| 일본, 중국, 백제의 목탑 비교 조감도. 자료: 양태현(2013) 박사학위 논문에서 발췌[7]

목조건물은 신라 황룡사 9층 목탑이다. 황룡사 목탑이 현존하지는 않지만 역사 기록을 근거로 중국, 일본의 목탑과 비교해 보면 높이의 차이를 느낄 수 있다. 현존하는 세계 최고 높이의 목탑은 중국 산서성에 있는 불궁사 5층 목탑으로 1056년 요나라 때 건축되었으며, 높이는 67.31미터이다.

삼국시대 목탑으로 현재 남아 있는 것은 없지만 신라 진흥왕 14년(553년)에 창건된 법주사의 팔상전은 정유재란 당시 불에 타 소실된 이후 선조 38년(1605년)부터 공사를 시작하여 인조 4년(1626년)에 재건이 완성된 목탑이다. 국보 제55호로 지정된 5층의

법주사 팔상전
자료: 현지답사 촬영

높은 건물로 5층 옥개는 사모지붕으로 되어 있고 그 위에 상륜부를 갖추고 있는데, 삼국시대의 목탑을 재현한 현존하는 우리나라 유일의 목조 5층탑이다.

06
세계 최장의 고구려 목조 다리

《삼국사기》에는 고구려와 백제, 신라에서 많은 목조 다리를
건설하였다는 기록이 남아 있다. 고구려는 삼국 중 고대국가로서
가장 먼저 체제를 정비하였으며 문화적인 수준도 다른 두 국가
보다 앞섰다. 기록에 따르면 장안성의 구제궁에는 통한, 연고, 청
운, 백운이라는 4개의 다리가 있었다. 《삼국사기》에는 고구려가
413년에 안학궁 앞쪽 대동강에 큰 나무다리(대목교)를 건설하였
다는 기록(신성평양주대교新城平壤州大橋)이 나온다. 이 다리는 평양시
대성구역 청호동과 대동강 유역의 휴암동에 있었는데, 다리 북쪽
에는 고구려의 정궁인 대성산성과 안학궁이, 서북과 동북 쪽에는
고구려 유적인 청암리성과 고방산성이 자리 잡고 있었다. 이 대목
교가 고구려의 궁궐로 직접 향하는 진입로 역할을 한 것으로 파악
된다.

북한의 1981년 대목교 유적발굴 보고서에 따르면, 나무다리
는 총 길이가 375미터, 폭이 9미터나 되는 큰 다리였다. 골조로 쓴
나무는 폭 38센티미터, 두께 26센티미터의 굵은 나무 각재였는데,

길이가 6~7미터로 부러진 것을 보면 원래는 10미터가 훨씬 넘는 목재를 사용한 것으로 추측된다. 발굴된 유적을 기초로 나무다리의 형태를 살펴보면, 다리의 입구는 부챗살 모양이며 다리의 본체 위에는 가로와 세로로 보를 놓고 그 위에 두꺼운 깔판을 가지런히 깔아 다니기 편하고 보기에도 좋게 만들었다. 다리 가장자리에는 안전한 난간을 만들었다. 강 양쪽의 물이 닿지 않는 입구 부분에는 든든한 각재로 기초를 튼튼히 하고, 그 위에 기둥을 세웠다. 물이 항상 흐르는 본체 구간에는 우물 정井 자형으로 목재를 맞물려 쌓은 등불대[112cm(동서)×154cm(남북)]가 있었다.

고구려의 기술자들은 이처럼 대규모의 다리를 건설할 때도 못이나 꺾쇠 같은 쇠붙이를 하나도 쓰지 않고 모든 이음새가 서로

대목교 유구에서 출토된 나무 각재
자료: www.kjclub.com/jp/exchange/photo

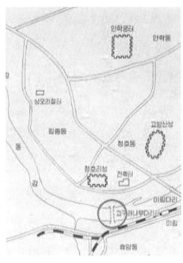

대목교 위치도
자료: www.kjclub.com/jp/exchange/photo

맞물리도록 틈을 다르게 만들어 깎아 내는 방법(사개물림 방법) 혹은 촉을 박는 방법을 사용하였다. 다리는 사람과 무거운 짐을 실어 나르는 수레가 다녀야 하기 때문에 그 무게를 받치는 힘을 계산하여 만들어야만 무너지는 것을 방지할 수 있다. 고구려의 목조 건축 기술자들은 약 400미터에 이르는 넓은 강폭에 다리 상판의 처짐과 교각 사이의 간격 등을 정밀하게 계산하여 안전한 다리를 만들었다.[8]

평양을 관통하는 대동강에 위치한 약 400미터 길이의 대목교는 300년 후 통일신라시대에 건설된 월정교와 일정교의 길이가 약 60미터인 것과 비교하면 그 당시로서는 대단히 긴 다리였음을 짐작할 수 있다. 문화재 디지털 복원 전문가인 유라시아디지털문화유산연구소 박진호 소장은 2004년 인터뷰에서 당대의 중국 목교에도 100미터가 넘는 것은 없었다고 한다. 현재 전 세계에서 유구가 남아 있어 규모를 파악할 수 있는 목조 다리 중에서 고구려 대목교는 가장 규모가 크고 긴 다리로 알려져 있다. 고구려 대목교 유적은 북한의 국보 문화유물 제160호로 지정되어 있다.

고구려는 안학궁 앞의 대목교 외에도 사수蛇水 다리, 평양 남교 등 대규모 다리를 건설하였다. 큰 대동강 위에 길이 375미터, 폭 9미터의 큰 다리를 건설하였다는 것은 그 당시 목조 다리 건설의 기술적 발달뿐만 아니라 도성과 지방을 왕래하는 사람과 상업적인 물동량이 많았음을 보여 준다. 특히 고구려에는 말이 끄는 수레가 많았는데 대부분의 운송을 수레에 의존하였고 도성과 지방의 도로가 잘 정비되어 있어 수레의 왕래도 많다 보니 강을 가로지르는 거대한 다리가 필요하였을 것이다. 고구려에는 수레바퀴 신을 숭상할 정도로 수레가 많았는데, 백제와 신라도 운송 수단으로 수레를 많이 사용하였다. 신라의 경우에는 한 번에 2000대의 수레를 동원한 적이 있었고, 승부乘府라고 하는 수레를 담당하는 관청이 있었다.

백제는 고구려보다 늦게 국가체제를 갖추었으며, 주로 고구려로부터 선진 목조 건축기술을 전래받았다. 《삼국사기》의 〈백제본기〉에는 동성왕 20년(498년)에 웅진교를 건설하였다고 기록되어 있으나 그 위치와 규모는 알려지지 않았다. 백제는 538년에 사비(지금의 부여)로 천도하였으며 이후 문화적으로 최전성기를 누렸을 것으로 생각된다. 우리나라에는 현존하는 백제 다리 유구가 없는 것으로 알려졌으나 최근 국립문화재연구소가 발굴 조사 및 미륵사지 석탑 복원 공사를 하고 있는 익산 미륵사지에서 다리 유구가 발견되었다. 이것은 미륵사지 강당지를 중심으로 북측 건물지(승방지)와 금동 건물지 사이의 연못을 건너가는 다리로 추정되며, 건물의 원통형 초석과 같은 4개의 장주형 교각이 남아 있다. 이 다리는 교각 간 간격 2.8미터, 폭 2.8미터, 총 길이 14미터에 이르는 회랑식 목조 교량일 것으로 추정된다.

백제는 일본에 여러 분야의 선진 문화를 전래하였는데, 그중에 목조건물과 다리 축조기술이 있었다. 일본 사서史書에 백제의 토목기술자인 노자강이 일본에 건너가 다리 가설기술을 전하였다고 나오는 것으로 보아 백제인의 다리 축조기술이 매우 높은 선진 기술이었음을 알 수 있다. 일본은 백제의 다리 축조기술을 전래받아 아름다운 목조 다리를 지방마다 다수 건설하였고, 이는 중요 관광 자원이 되었다.

일본 야마나시 현 오츠키 시의 계곡에 놓여 있는 사루하시猿橋라는 목조 다리는 일본의 3대 기교奇橋로서 중요 문화재로 지정되어 있다. 이 다리의 구조상 특징은 교각이 없고, 절벽 양쪽에서 나온 긴 목재가 다리를 받치고 있다는 것이다. 이 다리의 양쪽은 거의 수직으로 된 단애 절벽이며, 강바닥에서의 높이는 약 30미터이고 폭은 3.3미터, 길이는 30미터이다. 다리가 만들어지기 전에는 계곡을 건널 수 없어 먼 길을 돌아가야 했는데, 원숭이들이 서로의 등 위에 올라타서 꼬리를 잡고 전진하다가 뛰어서 계곡을 건너

| **사루하시 목조 다리.** 자료: ja.wikipedia.org에서 검색

는 것을 보고 이 다리를 건설할 계획을 세웠다고 한다. 이 다리는 일본 스이코조推古朝시대(612년경)에 백제의 조원박사造園博士인 지라부志羅呼가 건립하였는데, 당시 일본의 기술로는 30미터 수직 절벽 위에 다리를 놓을 수 없어 백제에서 온 기술자의 도움으로 다리를 놓을 수 있었다고 한다. 사루하시는 1400년 전 처음 건립된 이래로 많은 개축을 해 왔으며 지금은 20년마다 개축하고 있다.[9] 이 다리는 1400년 전의 백제 기술자들이 국제적으로 인정받는 고난도의 첨단 목조 교량 건설 기술을 가지고 있었음을 알려 주는 대표적 건축물이다.

신라도 고구려와 백제에서 목조 건축 기술자를 초청하여 사찰과 다리 등 많은 목조 건축물을 만들었고, 통일신라시대 이후에 좀 더 발전된 목조문화를 완성하였다.《삼국사기》에는 경덕왕

| **발굴된 월정교 교각 유구.** 자료: 경주시 · 문화재청 제공

19년(760년)에 월정교와 춘양교를 축조하였으나 화재로 소실되었다는 기록이 있다. 월정교는 1984년 11월부터 1986년 9월까지 이루어진 두 차례의 발굴 조사를 살펴보면 선수형 교각 4개소, 길이 61미터, 너비 약 12미터의 규모로 밝혀졌다. 또한 발굴 조사 자료와 다리 구조의 종합적인 연구 결과로 석재 교각 위에 나무 상판을 올리고 다리 양 끝에 기와지붕이 있는 아름다운 누각이 있었음이 고증되었다.

　삼국시대에는 수레가 많았고 세계 최대의 목조 다리를 건설하기도 하였는데, 고려와 조선에서는 강이나 하천에 수레가 다닐 정도의 커다란 목조 다리를 건설하지 않았다. 조선 후기의 한양은 상업이 발달했지만 한강에 다리가 없었고 수레도 거의 다니지 않았다. 그 이유는 다리를 건설하는 목조기술이 후퇴한 것이 아니라

| **월정교 복원도.** 자료: 경주시·문화재청 제공

수레의 사용과 제조가 현저히 줄어들어 운송 수단으로 거의 사용하지 않았기 때문이다.

2012년 10월 경주시는 문화재청이 최근 월정교 문루 복원설계(안)를 승인함으로써 2015년까지 월정교를 복원하겠다고 밝혔는데, 문루는 정면 5칸, 측면 3칸의 목조건물로 지을 예정이다. 월정교가 복원되면 석재 교각 위에 목조 누각이 얹힌 독특한 구조로 균형 잡힌 모습을 갖추게 된다. 이러한 아름다운 다리는 전 세계에서 찾아보기 어려우며, 1333년에 건축된 스위스 루체른의 카펠교Kapellbrücke가 월정교와 유사하지만 월정교는 카펠교보다 예술 감각이 더 뛰어난 다리로서 이 다리 위로 백성과 군신이 다녔다는 것은 신라가 굉장한 문화국가였음을 알려 준다.

유럽에서 가장 오래되고 길이가 긴 스위스 루체른의 카펠교는 로이스 강에 놓인 목조 다리로서 길이가 200미터에 이르며 우아한 형태를 가져 루체른의 상징으로 자리하고 있다. 다리 위를 덮고 있는 지붕의 들보에는 스위스 역사상 중요한 사건이나 루체른 수호성인의 생애를 표현한 112점의 삼각형 판화 그림이 걸려 있는데, 그중에는 17세기의 화가 하인리히 베그만Heinrich Wagman의 작품도 10여 점이 걸려 있다. 다리 중간에 있는 팔각형 석조의 바서투름Wasserturm(물의 탑)은 등대를 겸한 루체른의 방위 탑으로, 위급할 때 시민에게 경종을 울리는 종각과 감옥 또는 공문서의 보관소 등으로 쓰였다. 그러다 1993년 관광객의 담뱃불에 의한 화재로 카펠교가 불에 탔고 이때 다리의 절반과 그림 81점이 소실

I 스위스 루체른의 카펠교. 자료: www.myswitzerland.co.kr

되었지만 수년간의 복구공사로 이전과 같이 복원되어 스위스의 관광 명소가 되었다.

　고구려가 카펠교보다 573년 전에 카펠교 길이의 2배인 약 400미터의 목조 다리를 강물이 흐르는 대동강에 건설하였다는 것은 당시 고구려의 다리 건설 기술이 세계 최고라는 것을 입증해 준다. 우리는 하루빨리 남북통일을 이루어 대동강에 고구려 대목교를 복원함으로써 우리 선조의 목조문화에 대한 첨단 기술과 목조 문화재를 세계에 자랑하고 관광 자원으로 활용하는 방안을 마련해 나가야 할 것이다.

제4부

동북아시아 거석문화의
기원인 고인돌

01
돌과 함께 진화한 고대 인류

200만 년 전쯤에 인류의 조상들은 작은 돌멩이를 쪼개 무기나 생활도구로 사용하는 기술을 터득하면서 돌을 이용한 인류 문명의 길을 열었다. 또한 맹수와 자연재해에 맞서 가족을 보호하기 위해 삶의 터전인 강이나 들에 있는 돌과 바위를 이용하여 움집 주변에 울타리를 만들거나 의례도구로 사용하였다.

구석기시대 주먹도끼
자료: 국립공주박물관에서 촬영

10만 년 전에 출현한 인류의 완전한 조상인 호모사피엔스와 네안데르탈인이 거주한 주거지나 동굴 등에 남아 있는 동물의 뼈와 동굴 내부의 생활 상태를 조사해 본 결과, 약 6만 년 전에는 불과 석기를 사용하기는 하였지만 특별한 정신적 의식은 없이 다른 동물과 같은 방식으로 생을 유지해 나간 것으로 보인다.

　　중앙아시아의 테시크 타시Teshik-Tash라는 유적에서 매장되어 있던 어린아이가 발견되었는데, 아이의 머리 주변에는 6쌍의 아이벡스ibex 뿔이 원형으로 놓여 있었다. 이것은 인류가 정신적 의식을 가지고 자신의 삶을 돌아본 최초의 흔적으로 알려져 있다. 또한 네안데르탈인의 화석이 많이 발견되는 이라크의 샤니다르에서는 지금으로부터 6만 년 전 무렵에 한 남성이 매우 특별하게 매장된 것을 발견하였다. 무덤의 흙 속에 다량의 꽃가루 덩어리가 화석화된 채로 남아 있었는데, 이는 유체의 주변이 꽃으로 장식되어 있었다는 것을 의미한다. 이것으로 보아 당시의 네안데르탈인은 죽은 사람의 매장을 중요하게 여긴 최초의 인류로 추정된다.[1]

　　우리나라의 충청북도 청원군 두루봉 동굴에서 발견된 홍수아이는 4만 년 전에 죽은 후기 구석기시대의 인골이다. 이 인골의 나이는 5세 정도로 추정되는데, 발굴 당시 주변에서 매장의 흔적이 발견되었다. 죽은 사람을 위해 반듯한 자리를 마련하고 고운 흙을 뿌려 놓은 것이다. 시체 둘레의 흙을 채취하여 꽃가루 분석을 했더니 머리와 가슴 부분에서 6종의 꽃가루 성분이 검출되었

다. 이는 사람을 의도적으로 묻고 장례 절차로 꽃을 뿌렸다는 것을 말해 준다.[2]

　정신적 사고思考 기능과 간단한 장례 의식을 수행하던 고대 인류인 호모사피엔스사피엔스는 2만 년 전쯤부터 바위나 동굴의 벽면에 여러 가지 동식물이나 기하학적 무늬를 조각하여 자신들의 삶과 생각을 표현하기 시작하였다. 그 후 1만 년 전부터는 농경 農耕이 발달하여 바위나 돌로 무기와 생활도구를 정교하게 제작하여 사용하게 되면서 돌을 다루는 기술이 높아졌고, 돌을 활용하는 신석기시대에 이르자 본격적으로 석기문화가 생겨났다. 석기문화가 보편화되고 친숙해지면서 높은 산에 있는 기기묘묘하고 거대한 바윗덩어리와 평야에 솟아 있는 신비한 형상의 바윗돌에 의미를 부여하고 정신수양의 상징물로 여겨 가까이 다가가게 되었으

신석기시대 생활도구 석기
자료: 국립중앙박물관에서 촬영

며, 더 나아가 부족의 복을 빌고 마을의 안녕을 위한 경건한 신앙의 대상으로 삼게 되었다.

돌이 원시 부족의 수호신이나 경배의 대상이 된 것은 자연스러운 현상으로 아랍 세계에는 수천 년 전부터 경배의 대상이 되어 온 검은 돌이 있다. 상상할 수 없을 정도로 아득히 먼 옛날에 지구 대기권 밖에서 왔다고 전해지는 이 신비의 돌은 오늘날 전 세계 이슬람교도의 숭배의 대상이다. 이 돌이 바로 카바의 검은 돌Black Stone이다. 이것은 사우디아라비아 메카의 카바Ka'bah• 신전 남쪽 모퉁이의 지상 1.4미터 높이에 있는데, 붉은빛을 띤 검은색이고, 넓이 28제곱센티미터에 높이 38센티미터의 알 모양으로 생겼으며, 수많은 노란색 반점이 들어 있는 돌덩어리로 은빛 부조浮彫 속에 놓여 있다.

알라Allah가 인간이 자신을 경배하도록 아담에게 검은 돌을 내려 주며 신전을 만들어 이 돌을 모시라고 하여 아담이 처음으로 카바에 검은 돌을 가져다 놓았다고 한다. 수천 년 동안 많은 순례자가 카바를 찾아와 이 돌에 입을 맞추고 죽어서 천국에 가기를 기원하였다. 이 돌이 최고의 존재인 알라에게서 나왔으며, 아브라함Abraham에서 마호메트Mahomet에 이르는 여러 성인의 손길을 거쳐 왔다고 믿기 때문이다.[3]

• **카바** 메카에 있는 이슬람교의 성전으로서 단어 자체는 정육면체을 의미한다. 이슬람교의 제1성소로서 전 세계의 이슬람교도가 이쪽을 향해 예배를 올린다.

스코틀랜드에도 왕권을 상징하며 스코틀랜드의 정통성과 자
유를 의미하는 신성한 돌이 있다.《성경》에서는 이 돌을 두고 야
곱이 천사와 씨름하는 꿈을 꿀 때 베고 있던 돌이라고 전한다. 이
돌은 '스콘의 돌Stone of Scone' 또는 '운명의 돌Stone of Denstiny'로 불
리며, 길이 66센티미터, 폭 42.5센티미터, 높이 27센티미터에 무
게는 152킬로그램에 달한다. 이 신성한 돌은 이집트 파라오의 딸
스코타Scota가 스페인과 아일랜드를 거쳐 스코틀랜드에 전하였다
고 한다. 이 돌은 현재 스코틀랜드의 에든버러 성에 보관되어 있
는데, 이 사각형의 돌덩어리 옆에는 "이곳에서, 이 돌 위에서 대
관식을 올려야 진정한 스코틀랜드의 왕이다"라는 문구가 쓰여 있

│ 설악산 큰 바위 얼굴
│ 자료: 현지답사 촬영

으며, 이 돌은 영국 국왕의 대관식 때 대관식 의자로 사용되었다.

4만 년 전부터 인류의 조상은 동물에서 진화하여 의식세계를 가지게 되었고, 따라서 자연이 만든 대지와 모든 만물을 경외심敬畏心을 가지고 바라보기 시작하였다. 특히 영암 월출산이나 설악산 백운동 계곡에 있는 큰 바위 얼굴과 같이 자연이 만들어 낸 사람과 닮은 거대한 바위라든가 인간이 만들 수 없는 거대하게 솟은 바위를 보면서 처음에는 자연 그대로의 바위를 신앙의 대상으로 경배하였다. 이후 원시 부족사회가 형성되어 자손의 번창과 마을의 무사태평을 기원하기 위해 남근석男根石과 마을 어귀를 지키는

ㅣ **운악산 남근석**. 자료: 현지답사 촬영　　ㅣ **공주 상신리 입석**(**돌장승**). 자료: 현지답사 촬영

수호신인 입석立石 또는 돌장승 등을 숭배의 대상으로 삼았다. 남근석은 분명 주술적인 속성을 지닌다. 하지만 그 주술적인 의미는 비단 우리 민족에게만 통용되던 것이 아니다. 그것은 전 세계적으로 공통된 관념적 소산이다. 고대부터 현대에 이르기까지 남근석을 신앙적 대상으로 삼은 이유는 그것이 자손의 번성과 풍요를 가져다준다는 신앙적 믿음 때문이었다.

충청남도 공주시 반포면 상신리에 있는 입석(돌장승)은 고대에 마을이 형성되었을 때 입구에 마을 경계를 표시하기 위해 세워진 것으로 알려져 있다. 이 입석은 위는 좁고 아래는 넓은 방추형方錐形으로 되어 있다. 또한 조선 말기에 진도군수를 지낸 권중면 선생이 은퇴 후 이 마을에 은거하면서 마을의 수려한 경치에 감탄하여 입석 전면에 4자씩 두 줄로 "신야춘추莘野春秋 도원일월桃源日月"이라 새겼는데, 이것은 '상신리의 자연경관이 춘하추동 무릉도원의 세월이다'라는 의미이다. 필자가 2014년 4월에 이 마을을 찾아가 입석 주변을 돌아보니 시원한 물이 흐르는 개울과 주변의 기암 및 소나무의 경치는 무릉도원의 축소판 같았다. 그리고 상신리 주민은 이 입석을 마을을 지키는 수호신으로 받들며, '장성바위'라고 부르고 있다. 또한 매년 입석 앞에서 장승제를 지내고 있다.

부족 공동체의 발전에 따라 권력을 가진 통치자들은 거대한 자연석을 운반하여 가공하거나 그대로 옮겨 와 권위의 상징으로 삼고자 하였다. 거대한 돌로 만든 이스터 섬의 거인상이나 지중해 코르시카 섬의 영혼상, 멕시코시티에 있는 대지의 여신상인 코아

틀리쿠에Coatlicue 석상, 그리고 안데스 산맥에 위치한 티아우아나코Tiahuanaco 신전의 거대한 석상 등은 최고 권력자의 의지에 따라 조성한 것이며, 이들 석상에서 고대 거석문화가 시작된 것으로 본다.

바위는 영원불변의 성질을 가지고 있어서 원시 종교에서는 바위가 마력을 가지고 있다고 믿었으며 자연을 창조한 절대자 또는 신과의 매개체라고 생각하였다. 이렇듯 인간의 잠재의식 속에 자리 잡은 바위의 신성함으로 인해 커다란 부족 공동체의 제의를 위한 신전이나 사후세계를 위한 무덤의 축조에 바위를 사용하게 되었다. 또한 종교적 숭배의 대상인 커다란 바위에 부족의 신 또

▎ **이스터 섬의 거인상.** 자료: www.google.co.kr에서 검색

▎ **코아틀리쿠에 석상.** 자료: www.google.co.kr에서 검색

는 그들이 믿는 종교의 성인들을 조각하여 석상을 만들거나 거대한 바위굴을 파서 신전이나 교회를 만들기도 하였다.

나바테아 왕국의 수도이자 교통의 요충지로 무역이 번성하였다가 로마제국에 의해 멸망한 요르단의 페트라는 그 유적이 1800년대에 스위스 탐험가에 의해 발견되었다. 고대 나바티아인이 건설한 곳으로 바위도시로 유명하다. 유네스코 세계문화유산으로도 지정된 이곳의 백미는 알카즈네 신전Al khazneh Farun으로 거대한 사암 바위를 음각으로 부조한 모습이 매우 환상적인 건축물이다.

경상북도 경산시 팔공산에 있는 갓바위는 9세기에 조성된 불

요르단 페트라의 알카즈네 신전
자료: 현지답사 촬영

상이다. 불상이지만 상투를 튼 민머리가 뚜렷하고, 얼굴은 둥글며 풍만하고 탄력이 있다. 눈꼬리는 약간 치켜 올라가 있어 자비로운 미소가 사라진 근엄한 표정이다. 투박하지만 정교한 두 손은 무릎 위에 올려놓았는데, 오른손 끝이 땅을 향한 형태인 항마촉지인降魔觸地印과 유사한 손 모양은 석굴암의 본존불과 닮았고, 왼손에 조그만 약 항아리를 들고 있는 것은 약사여래불藥師如來佛을 표현한 것으로 보인다. 이 갓바위는 불교의 불상으로서 기도를 드리고 숭배하는 대상이 아니라 원시 종교에서 볼 수 있는 신통력을 발휘하는 바위로 인식되어 있어 불상이라 부르지 않고 갓바위라 부른다. 갓바위에 기도를 드리면 학업, 취업, 건강, 득남 등에 많은 효험이 있다고 하여 1000여 년이 지난 지금까지도 많은 사람이 찾아와서 기도를 드린다.

영국의 스톤헨지Stonehenge, 프랑스의 카르나크 열석Carnac

alignments 등은 자연의 창조주를 경배하는 제의祭儀의 필요성 때문에, 피라미드나 우리나라의 지석묘支石墓인 고인돌 등은 최고 권력자의 무덤을 위해 축조된 거석 유물이다. 고인돌을 영어로 'dolmen'이라고 부르는데, 고인돌은 유럽이나 아프리카, 서남아시아 일대와 중국의 랴오닝 성, 산둥 반도 및 일본 규슈에도 일부 분포되어 있으나 우리나라와 비교하면 규모와 축조기술에서 아주 미미한 수준이다.

02

고조선의 거석문화 유산인 고인돌무덤

우리나라에서 삼국시대 이전에 나타난 최초의 석조문화는 고인돌이 형성되기 시작한 고조선의 청동기시대를 수만 년 거슬러 올라가 구석기시대의 원시인이 표현한 암각화일 것이다. 전 세계에서 암각화는 대략 10만여 곳의 장소에서 2000만 점 정도가 확인되었다. 우리나라에서는 1970년 12월 25일에 울산 천전리 암각화(국보 제147호)를 처음으로 발견하였고, 그 후 고령 장기리 암각화(보물 제605호)와 울산 대곡리 반구대 암각화(국보 제285호)를 발견하면서 지금까지 10여 곳 이상에서 암각화가 확인되었다.

세계적으로 유명한 스페인 북부 산탄데르 부근의 알타미라 동굴에 있는 들소 그림은 약 1만 4000년 전에 제작된 암벽화이지만 우리나라의 암각화는 대부분 신석기시대 후기부터 철기시대 초기(약 3000~5000년 전)에 만들어진 것이다. 암벽화는 석기시대에 바위를 쫄 수 있는 도구가 없어 동물의 피나 식물로 만든 채색 염료로 그린 그림이고, 암각화는 청동기나 철기 등이 발명된 후에 그것으로 바위를 쪼아서 제작한 그림이다.

우리나라의 대표적인 암각화는 울산 대곡리 반구대 암각화로 태화강의 지류인 대곡천 상류에 있다. 이 암각화는 강가에 있는 높이 약 70미터의 병풍 같은 절벽 바위 면 중앙에 날카로운 금속도구를 사용해 쪼아 파기기법으로 바위를 파내어 고래, 거북 등의 바다동물과 사슴, 멧돼지 등의 육지동물을 그린 것이다. 고래를 잡는 어로 작업이나 동물을 사냥하는 광경 등도 그려져 있어 사용된 무기나 인물의 모습을 볼 수 있다.

이곳에 살았던 사람들은 고래잡이, 어로, 동물 사냥 등의 활동으로 생존하면서 종족의 보전과 번영을 바라는 마음으로 여러 가지 형태의 고래나 물고기 및 동물을 바위에 새겨 놓고 이 암각화를 신성시하며 계절에 따라 제의 행사를 하였을 것이다. 또한

| 울산 대곡리 반구대 암각화 탁본. 자료: 국립고궁박물관 반구대 암각화 특별전에서 촬영

이 암각화가 성인이 청소년에게 고기잡이나 동물 사냥을 하는 방법 등의 기술을 가르치는 도구로 사용되었을 것이라고 추측하기도 한다. 이렇듯 암각화는 제작 당시 사람들의 정신문화의 중요한 요소를 이해할 수 있는 유적으로서 석조문화의 원조이다.

경상북도 고령군 개진면 장기리에는 바위에 음각陰刻으로 새겨진 청동기시대의 암각화가 있다. 이 암각화는 나지막한 산 밑에 있는 전망이 좋은 알터마을 입구의 높이 3미터, 너비 6미터의 암면에 조각되어 있다. 1971년 1월에 영남대학교 박물관 조사단이 발견한 귀중한 선사시대 문화재로서 그림이 지금도 매우 선명하게 남아 있다.

암각화에 그려져 있는 동심원은 지름이 약 18~20센티미터

| 고령 장기리 암각화. 자료: 현지답사 촬영

의 삼중원三重圓으로 모두 4개이다. 바위 중앙에 있는 동심원 하나
는 매우 뚜렷하게 조각되어 있고, 주위의 동심원은 파손되거나 마
모되어 있다. 중앙부 동심원의 오른쪽 아래에는 십자 무늬가 있는
데, 가로 15센티미터에 세로 12센티미터의 사각형으로 선이 그려
져 있는 것으로 보이나 마멸되어 명확하지 않다. 암면 곳곳에는
사람의 얼굴을 표현한 것 같은 그림이 그려져 있는데, 이것은 약
16~17개로 작은 것은 가로 22센티미터에 세로 20센티미터, 큰
것은 가로 30센티미터에 세로 40센티미터에 달한다. 그림은 모두
같은 모양으로 위로는 머리카락 같은 형상이, 좌우로는 수염과 같
은 털이 그려져 있다. 그리고 귀, 눈, 코, 입과 같이 구멍을 파고, 좌
우로 뻗어 올라간 뿔을 표현해 놓아 마치 사람의 얼굴 모양 혹은

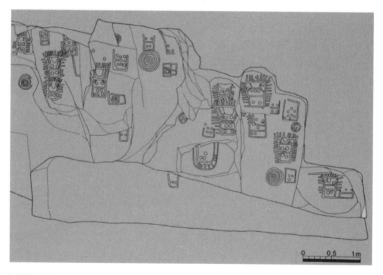

| 양전동 암각화 실측도. 자료: 현지답사 촬영

짐승의 얼굴 모양 같다. 이는 농경사회의 주술적인 표현으로 보이며, 이곳을 제단으로 삼아 천신에게 제사를 지낸 것으로 보인다.

필자가 2014년 7월에 장기리의 암각화를 보고 나서 바위 앞을 바라다보니 암각화를 그릴 당시 원시인의 생활 모습이 눈앞에 그려지는 듯하였다. 아마도 구석기시대에는 주위에 산림이 우거지고 냇가가 보이는 바위 앞 평지에 조그마한 부족 집단이 움막을 짓고 살았을 것으로 생각된다.

고조선의 청동기와 철기시대의 암각화를 거치고 돌무덤 및 고인돌의 거친 거석문화에 이어 고구려, 백제, 신라의 삼국시대에는 불교의 정착에 따른 종교적인 영향으로 우리나라 고유의 석조문화가 태동하기 시작하였다. 우리나라는 전 국토의 약 70퍼센트가 산으로 되어 있고 산과 들에는 무수히 많은 돌과 바위가 존재하기 때문에 우리 민족은 자연스럽게 돌과 친근해졌으며, 돌을 생활도구와 건축에 사용하는 기술이 발전하였다. 고조선에 이어 삼국시대에는 강력한 국가체제가 갖추어지면서 왕과 백성이 거주하는 도성과 궁전이 건축되고 공공건물이 많이 들어섰는데, 이때 건축 자재로 자연히 돌과 바위를 사용하였다.

인간의 삶에는 중요한 두 가지 사건이 있는데, 하나는 탄생이고 또 다른 하나는 죽음이다. 이것은 인간의 숙명이자 거역할 수 없는 자연의 진리이다. 같이 살던 가족이나 공동체의 일원이 죽었을 때, 처음에는 자연계에 이어져 온 동식물의 법칙에 따라 시신을 그대로 방치하였고, 그것은 썩어서 흔적도 없이 자연으로 돌아갔다. 그러나 지각이 있는 영장류인 인류는 6만 년 전부터 시신을 소중히 묻는 의식을 하기 시작하였다.

구석기시대의 인류는 신석기시대와 달리 주로 동굴 생활을 영위하였는데, 가족의 일원이 죽으면 동굴 안 집터(주거지) 주변의 움푹 파인 곳에 사체를 놓고 흙으로 덮은 뒤 돌을 주워 모아 덮었다. 청동기문화를 어느 정도 공유한 신석기시대 중반에는 주거 집단의 우두머리 또는 영향력 있는 종교 지도자가 죽었을 때, 정치와 종교적 측면에서 주검을 땅에 묻고 고인의 내세 영생永生과 남은 이들의 안녕을 지켜 줄 것을 기원하는 매장 의식을 가지게 되었다. 이러한 매장 의식은 점차 권력자의 주검을 안전하게 보존하고 그것이 경배의 대상이 되게끔 하기 위하여 흙에 매장하는 것에서 발전하여 돌을 사용하게 되었고, 기원전 5000년 전부터 거대한 돌무덤이나 피라미드를 만들었다.

동북아시아의 고대 민족인 동이족東夷族에게도 돌을 사용하여 주검을 보호하는 장례문화가 있었다. 여기에서 동이족은 중국 정사인《삼국지》와《후한서》등에서 중국의 동쪽에 있는 동방 민족을 지칭하는 말이며, 발해 연안과 만주 지방 및 한반도에 널리 퍼져 살던 고대 민족이다. 동이족은 시신을 매장할 때 아시아의 다른 민족과 달리 주로 돌을 가지고 무덤을 축조하였는데, 이것이 돌무덤(석묘石墓)이다. 돌무덤은 돌무지무덤(적석총積石冢) 등 여러 종류가 있는데, 대표적인 것이 고인돌무덤(지석묘支石墓)이다.

부족의 구성원은 그들의 우두머리인 수장의 주검을 묻기 위하여 수십 톤이나 되는 거대한 판석을 채석장에서 캐내어 먼 거리에 있는 평야로 운반하여 고인돌무덤을 축조하였다. 이것은 수백 명의 장정을 동원해야만 할 수 있는 일인데, 어떤 형태로든 큰 사회 집단의 노동력이 아니고서는 불가능한 일이다.

KBS 역사스페셜 팀이 〈한반도, 고인돌 왕국의 수수께끼〉를 방영하기에 앞서 1998년 10월 고창군에서 열린 고인돌 축제에서 전문가의 고증을 토대로 고인돌무덤의 축조과정을 재현하였다. 먼저 커다랗고 평평한 덮개돌을 골라 크기를 재어 무게로 환산하니 약 9.8톤이었다. 이 돌을 고대의 전통적 운송 방식을 사용해 바닥에 통나무를 여러 개 깔고 돌을 그 위에 올린 후 밧줄로 묶어서 85명의 장정이 인력으로 끌어 70미터 떨어진 행사장으로 옮기는 데 무려 4시간이 걸렸다. 매산리에 있는 제일 큰 고인돌의 무게가 약 97.3톤인데, 이것은 9.8톤의 약 10배이므로 이 고인돌을 옮기는 데 필요한 최소 동원 인력은 844명이 된다. 이를 통해 이 고인돌무덤을 축조할 당시에 이 마을에 최소한 1000명 이상의 주민이 살았다는 것을 알 수 있다.[4]

1000명 이상의 인원이 한 마을에 거주하였다고 본다면, 고창에만 2000기의 고인돌무덤이 있으므로 이 지역에 국가체제를 갖춘 부족 집단이 있었다고 추측할 수 있다. 역사학자들이 고증한 발해 연안과 만주 지역 및 한반도의 고인돌무덤 축조 시기는 우리 역사상 국가체제를 갖춘 고조선의 청동기시대이다.

일부 학자는 시베리아에 분포된 일부 고인돌무덤의 유적을 보고 고인돌무덤이 시베리아 북방에서 전래하였다고 주장한다. 그러나 인류 고고학과 역사학을 연구한 국내 학자들은 돌널무덤이 기원전 3500년경에 발해 연안 북부 대릉하 유역에서 이미 발생한 것이 유적 발굴로 입증되었기 때문에 한반도와 만주 요동반도의 고인돌무덤을 고조선시대에 우리 민족이 창조한 석조 건축물이라고 본다.

　우리나라의 고인돌무덤은 기원전 1000~300년경의 고조선 청동기시대를 대표하는 무덤이며, 전 세계에 유래가 없을 정도로 한반도에 수만 기가 분포되어 있다. 고인돌무덤의 구조적 형태는 탁자형의 북방식과 바둑판형의 남방식으로 구별한다. 남방식과는

북한 문화동 오덕형 고인돌
자료: 《조선고적도보》에서 발췌

전라북도 고창 남방식 고인돌
자료: 현지답사 촬영

달리 돌을 괴지 않으며 묘실 주변에 잔돌을 깔고 그 위에 바로 상석을 올린 고인돌무덤도 있는데, 이는 개석식 혹은 변형 고인돌무덤이라고 하며 전국에 걸쳐 분포되어 있다.

북방식 고인돌무덤은 먼저 땅을 'ㅍ' 자형으로 파고, 긴 두 벽 쪽에 큰 판돌 2장을 세운다. 그리고 그 사이의 짧은 한 벽을 세워 조립하여 'ㄷ' 자형의 구조물을 만들고, 구조물 주변에 흙으로 비스듬히 경사진 운반 통로를 만든다. 그다음에 넓고 큰 판돌을 통나무 위에 놓고 굴려서 끌어다 덮개석으로 덮은 후, 덮개석 아래의 돌방 안에 시신과 부장품을 넣어 매장하고 나머지 한쪽의 짧은 벽을 판돌로 막는다.

남방식 고인돌무덤은 덮개석을 받치는 다리 4개가 모두 짧아서 처음 축조한 그대로 남아 있지만 북방식은 크고 거대한 판돌을 받침대로 사용하였기 때문에 구조물의 균형이 잘 맞지 않으면 무너지게 되므로 주먹구구식으로 축조할 수 없다. 돌방의 긴 두 벽을 이루는 받침돌이 무거운 덮개석을 지탱하고 균형을 잡도록 구덩이를 깊게 팠으며, 덮개석이 전체 구조물의 무게 중심에 있도록 위치를 정확하게 잡고 올려놓았다.

고인돌무덤의 축조 공사는 현대의 토목건축기술로 보아도 정교한 구조 설계와 역학적 지식을 가지고 있어야 가능한 대규모 토목 공사이다. 전라북도 고창 운곡리에 있는 고인돌무덤은 높이 4미터에 무게가 297톤이나 되는 세계 최대의 고인돌무덤이다. 고인돌을 축조한 고조선의 토목건축 기술자들은 당시로서는 세계 최고의 토목건축기술을 보유한 것이다. 수십 톤에서 300톤에 이르는 거석을 2개의 작은 판돌 위에 올려놓고 쓰러지지 않게 하려면 사전에 무게중심이 어디에 있는지를 파악하여야 한다. 그리고 덮개석을 쌓아 놓은 흙더미 위로 끌고 올라와서 미리 파악해 둔 정확한 위치에 놓아야 한다. 만약 쌓아 놓은 흙더미를 다 치우고 난 후에 고인돌의 무게 균형이 맞지 않으면 2미터 정도 솟아 있는 판돌이 균형을 잃고 무너지게 된다.

고조선인이 고도로 발전된 토목 및 석조 건축기술을 가지고 있었음을 3000년이 지난 지금도 온전히 남아 있는 수많은 지역의 거대한 고인돌이 증명해 준다. 이집트의 피라미드는 크고 웅장하지만 토목 및 석조 건축기술 측면에서 보면 고도의 기술을 요구하지는 않는다. 단지 2톤 정도의 사각형 판돌을 무너지지 않도록 넓게 그리고 삼각형으로 좁혀 가며 차곡차곡 쌓는 것은 많은 노동력이 필요한 일반 석축 공사와 같다.

북한에서는 고인돌무덤을 집중 연구한 결과, 평양 일원이 고인돌무덤의 발원지라고 주장한다. 평양 일대에는 침촌형(남방식) 고인돌, 오덕형(북방식) 고인돌, 묵방형(개석식) 고인돌로 구분되는 우리나라 고인돌무덤의 3대 유형과 각 유형의 세부 형식의 고인돌무덤이 모두 존재한다. 평양 일대를 벗어난 다른 지역에는 초기의 형식은 없고 후기의 형식에 해당하는 고인돌무덤만 있다. 평양을 중심으로 평안남도, 황해남북도 등 사방 40킬로미터 지역에는 1만 4000여 기의 고인돌무덤이 분포되어 있다.[5]

남한은 전라남도 화순과 고흥 및 강화도에 2만 4000여 기가 있다. 특히 전라북도 고창의 선운사 부근에는 2000여 기가 밀집되어 있다. 남북한의 수몰 지역과 이전된 것을 합하면 고인돌무덤은 전국에 5만 기 정도로 추정된다.

전 세계에 산재된 고인돌무덤의 수는 약 8만 기로 추정되는데, 거석 유물이 많다는 아일랜드조차 고인돌무덤이 1500기에 지나지 않는다. 우리나라의 고인돌무덤은 그 개수 면에서 세계 제일이고, 전 세계적으로 볼 때 우리나라가 거석문화의 중심지였다는 것을 알 수 있다. 2000년 12월에는 고창, 화순, 강화도의 고인돌무덤 지역이 모두 유네스코 세계문화유산으로 등재되었다. 우리나라의 고인돌무덤 유적은 우리가 소중히 보전해야 할 우리 민족의 거석문화인 것이다.

또한 수천 년간 들에 버려진 바위로 치부된 수많은 고인돌무덤에 대한 조사와 발굴을 통해 이를 축조한 우리 민족 최초의 국가인 고조선의 실체를 알게 되었다. 해방 후 남북한의 고고학자들이 고인돌무덤 유적지에서 신석기시대와 청동기시대에 있었던 고조선의 생활상을 알 수 있는 마제석검과 각종 석기, 청동과 철로 만든 무기와 마구류, 농경기구와 장신구 등을 발굴하여 우리 민족의 고대 역사와 문화를 찾을 수 있었다.

03
동북아시아 유일의 피라미드인 장군총

고대의 석조문화라고 하면 대개 이집트의 피라미드, 로마의 콜로세움, 중국의 만리장성 또는 남태평양 이스터 섬의 거인상 등을 떠올릴 것이다. 그러나 이러한 고대의 거석 유물은 석조문화라기보다 석조건물이라고 보는 것이 적절할 것이다.

지금으로부터 5000년 전에 이라크와 이란의 접경을 이루는 메소포타미아의 비옥한 평야에서 문명의 꽃이 피어났는데, 티그리스 강과 유프라테스 강 사이의 이 비옥한 지대에는 페르시아에서 온 수메르인과 엘람인, 서쪽 사막 지대에서 온 아시리아인, 그리고 북부 산악 지대에서 온 카시트인이 정착하고 있었다.

메소포타미아인은 기원전 3000~500년경에 그들의 도시국가에 이집트의 피라미드처럼 위풍당당한 지구라트Ziggurat*를 다수 건립하였는데, 오늘날 대부분의 지구라트는 잔해만 남아 있으

● **지구라트** 고대 바빌로니아와 아시리아 유적에서 발견되는 성탑으로 둘레에 네모반듯한 계단이 있는 피라미드 형태의 구조물을 말한다. 이는 신과 지상의 연결 통로로 추정된다.

며 그중 구약성서에 나오는 바벨Babel탑이 가장 유명하다.

바벨탑은 네부카드네자르 2세Nebuchadnezzar II(재위 기원전 605~562년)가 통치하던 신新바빌로니아의 웅대한 수도였던 바빌론의 유프라테스 강 유역에 서 있던 7층 계단 형태의 건물이다. 이 탑의 크기를 헤로도토스Herodotos의 《역사》와 영국의 고고학자 데이비드 롤David Rohl의 저서 《문명의 창세기The Genesis of Civilisation》[6] 등 여러 고증을 통해서 살펴보면, 1층의 기단基壇은 길이 90미터, 너비 90미터, 높이 33미터이며, 2층부터 7층까지는 계단식 피라미드 형태이다. 이 거대한 탑의 높이는 약 100미터로 알려져 있는데, 기원전 4세기경에 붕괴되었다.

성서에 기재된 바벨탑은 1899년부터 20세기 초에 걸쳐 독일의 고고학자 로베르트 콜데바이Robert Koldewey가 발굴하면서 그 형태가 드러났다. 현재 유일한 흔적은 어마어마한 사각형 기단의 윤곽뿐이며, 이집트의 피라미드와 유사한 구조였던 것으로 추측되나 지구라트는 신전으로 건축된 것이고, 피라미드는 왕(파라오)의 무덤으로 건축된 것이다.

최초의 피라미드는 기원전 2650년에 이집트 제3왕조의 파라오 조세르Djoser 왕(재위 기원전 2630~2611년)이 사카라에 건조한 '계단 피라미드'로, 메소포타미아인이 만든 지구라트와 비슷한 구조이며, 당초 정방형의 마스타바Mastaba로 구상되어 다섯 차례의 설계 변경 끝에 6단의 계단 피라미드로 완성되었다.

피라미드 건축의 정점은 이집트 쿠푸Khufu 왕의 '기자의 대

| **카프레 왕 피라미드**. 자료: www.google.co.kr에서 검색

피라미드'로, 최대 규모를 자랑하는 동시에 석축기술도 최고 수준이었으며, 카프레Khafre 왕의 '기자의 제2 피라미드'도 이와 거의 동일한 규모로, 유역 신전과 이를 수호하는 스핑크스를 잘 보존하였다.

　　고대 인류 문명의 상징인 피라미드는 고대국가의 강력한 통치력을 과시하는 건축물이기 때문에 메소포타미아나 이집트뿐만 아니라 중앙아메리카에도 있으며, 아시아에서는 유일하게 고구려에 존재한다. 중앙아메리카의 피라미드는 때로 천체 관측소나 신전 및 묘 등의 기능을 가지기도 하는데, 기본적으로는 신을 받드는 장소인 신전이었다. 이러한 피라미드 신전의 출현 양상은 아직 밝혀지지 않았지만, 건축 시기는 기원전 1000년경으로 추측된다. 그곳에서 중앙아메리카의 도시문화가 시작되었고, 16세기에 스페인이 침입할 때까지 피라미드 신전은 항상 도시의 중핵을 이루며 석기시대의 대표적인 기술로서 다채로운 건축미를 낳았다.

중앙아메리카 피라미드 신전의 건축 양식은 마야문명의 것 등 일부를 제외하면 최상부의 신전부가 잔존하지 않기 때문에 주로 기단부의 특징으로 분류되는데, 먼저 평면의 형상을 보면 방형, 원형, 방형과 원형의 조합 또는 대소의 방형을 조합한 것 등이 있다. 멕시코의 테오티우아칸Teotihuacán은 아메리카 대륙에서 가장 큰 피라미드 유적이며, 멕시코시티에서 북서쪽으로 50여 킬로미터 떨어진 해발 2300미터에 위치한 고대 멕시코의 유적에 있다. 웅장한 외관을 자랑하는 태양의 피라미드는 높이 66미터에 한쪽 변의 길이만 230미터로 세계에서 세 번째 규모이며, 약 250만 톤의 돌과 흙으로 축조되었다. 기원전 200년경부터 세워진 것으로

| 테오티우아칸 피라미드. 자료: www.google.co.kr에서 검색

추정되며, 피라미드 정면으로는 약 250개의 계단이 촘촘히 연결되어 있다.

우리나라의 일부 고고학계 학자들은 중앙아메리카의 피라미드가 기원전 4000~3000년경에 대능하, 요하 및 요동반도를 포함한 발해 연안에 있던 고대 고조선에서 홍산 문명을 이룬 고조선인이 아메리카로 건너가 피라미드의 축조기술을 전수해 주어 만들어진 것이라고 주장하고 있다. 2001년에 출간된 하용준의 장편소설《쿠쿨칸의 신전》은 홍산 문명이 멕시코 및 마야문명에 영향을 주었다는 고고학적 고증을 거쳐 장군총에서부터 마야문명까지 답사하며 고대 문명의 비밀을 파헤치고 있다.[7]

동북아시아에도 피라미드가 존재하는데, 고구려시대의 왕릉은 이집트나 중앙아메리카의 피라미드와 같은 형태이고, 중국 등다른 아시아 국가에서는 볼 수 없는 유일한 피라미드이다. 고구려시대의 3세기 초부터 427년까지 고구려가 도읍한 중국 지린 성지안 현 퉁거우 평야에는 광개토대왕릉비와 함께 고구려의 초대형 무덤인 장군총將軍塚, 태왕릉太王陵, 사신총四神塚 등의 거대한 계단식 피라미드형 무덤 및 1000여 기의 산 같은 무덤이 있다.

동방의 피라미드로 불리는 거대한 돌무덤인 장군총의 당당한 위용은 그것을 보는 사람들을 압도한다. 장군총은 잡목이 무성한 산으로 오인되어 1000여 년간 온전히 보전되다가 1905년에 발견되었다. 우리나라의 역사학자인 이형구 박사와 중국의 역사학자들은 발견 당시 정상부에 기와 파편이 많고 기둥을 세운 구멍

I 고구려의 피라미드 장군총. 자료: www.bell.jp

이 있는 것으로 보아 상부에 향당享堂이라고 하는, 제사를 지내는 '묘상 건축물'이 있었을 것이라고 주장한다. 장군총은 돌의 형태와 축조 방식으로 보아 5세기 무렵에 축조된 무덤으로 추정된다.

장군총의 피라미드 기단은 지면과 수평으로 놓여 있으며, 기단 한 면의 길이는 31.58미터이다. 7층으로 쌓아 올린 무덤 전체의 높이는 12.4미터이고, 여기에는 화강암을 장방형으로 다듬은 돌이 1100여 개 사용되었다. 그중 가장 큰 돌은 길이가 5.7미터에 너비가 1.2미터이고 두께는 1.1미터나 된다. 이러한 거석은 22킬로미터 떨어진 채석장에서 옮겨 왔다고 하는데, 같은 시기의 중국에는 이처럼 거대한 피라미드식 왕릉이 없었던 것으로 보아 당시 고구려의 운반기술과 축조기술이 매우 높았던 것으로 판단된다. 장군총이 1500년의 세월 동안 온전히 남아 있었던 것은 고구려의 특별한 축조기술 때문이었다.

고구려인은 돌로 거대한 무덤을 만들거나 석성石城을 쌓을 때에 항상 기초공사를 튼튼히 하였다. 최근 중국에서 발굴한 기록에 따르면, 장군총은 지면을 5미터 정도 파고 그 안에 길이 2미터, 폭 1미터 정도의 자연석을 깐 후 그 사이를 강돌로 다져 넣어 엄청난 무덤의 무게를 견딜 수 있도록 만들었다. 이것은 요즘 고층 건물을 건설할 때 지하를 깊이 파고 H형 빔Beam을 박아 지반을 단단하게 하는 것과 같은 방식이다.

또한 고구려에서는 장방형의 큰 돌을 쌓을 때 큰 돌이 서로 안전하게 지지하고 버틸 수 있도록 하는 '그랭이 공법'을 적용하였다. 그랭이 공법이란 자연석을 쌓을 때 돌의 울퉁불퉁한 부분을 그대로 두고 그 위에 얹는 돌의 아랫부분을 밑에 있는 돌의 울퉁불퉁한 곳에 맞게 가공하여 얹어 놓는 공법이다. 고구려에서 시작된 그랭이 공법은 백제와 신라에 전해져서 불국사와 화엄사의 축대 등 삼국시대의 많은 건축물의 축대와 성벽을 축조하는 데 활용되었고, 이후 일본에도 전래되어 정창원 등 수많은 사찰과 신사의 건축에 사용되었다.

이러한 축조기술 외에도 돌을 위로 쌓아 올릴수록 조금씩 안쪽으로 쌓는 '퇴물려 쌓기' 공법을 사용하여 거대한 돌무덤의 무게를 견디게 하였고, 쉽게 무너지지 않도록 무덤의 네 변에 3개씩 모두 12개의 거대한 돌기둥을 기대어 놓아 피라미드의 안정성을 유지하게 하였다. 장군총 근처에 있는 태왕릉은 장군총보다 4배나 큰 피라미드형 왕릉으로, 발굴 조사에서 '신묘년 호태왕辛卯年 好太王'이라는 명문이 있는 청동방울이 출토되어 광개토대왕릉으로

| 그랭이 공법으로 만든 화엄사 축대. 자료: 현지답사 촬영

판명되었다. 태왕릉은 현재 능의 윗부분은 거의 다 무너지고 아래에 돌로 축조된 기단 부분과 기단 위에 산처럼 쌓인 봉분만 남아 있다.

태왕릉은 기단의 한 변이 약 66미터나 되어, 장군총처럼 완전한 형태로 남아 있었다면 성서에 나오는 바벨탑(기단의 한 변이 90미터)이나 이집트의 피라미드와 비슷한 규모를 가진 거대한 피라미드가 되었을 것이다. 현존하는 장군총은 완벽한 피라미드 형태와 빼어난 조형미, 탁월한 건축기법으로 우리가 자랑할 만한 고구려의 대표적인 석조 건축물이다. 또한 고구려의 피라미드형 분묘 건축기술이 백제에까지 전해져서 서울 송파구 석촌동의 장군총처럼 한 변의 길이가 약 50미터인 피라미드형 고분(제3호 적석고분)이 남아 있다.

5000년 전 메소포타미아에서 시작되어 이집트의 피라미드와 고구려의 장군총과 태왕릉, 그리고 중앙아메리카의 피라미드로 이어지는 피라미드 축조기술을 고구려인이 공유하고 거대 석조 건축물로 남겨 놓은 사실은 우리나라가 고대 문명의 중심에 있었다고 자부할 만한 일이다.

04
난공불락의 요새인 고구려 산성

우리나라는 3000년 전의 고조선시대부터 도읍지와 산에 주변국의 침략을 방어하기 위하여 성을 쌓은 것으로 보인다. 중국 역사서《사기》에 산성에 대한 첫 기록이 나온다. 기원전 108년에 한나라 무제가 위만조선을 공격할 때, 위만조선의 마지막 왕이자 위만의 손자인 우거가 왕검성에서 1년 가까이 저항하였다. 이 내용이 "우거는 험하고 견고한 것만 믿다가 나라의 대가 끊어지게 되었다"라고 기록되어 있다.《사기》의 기록을 통해 고조선이 오래전부터 견고한 산성을 축조하였다는 것을 알 수 있다. 고조선 이후 삼국시대의 고구려와 백제, 신라는 서로 영토 분쟁 때문에 전쟁이 잦았고, 특히 고구려는 서쪽의 중국, 북쪽의 부여와 대치하고 있어서 자연히 성을 쌓는 일이 많았다.

《삼국사기》에는 "고구려는 산을 의지하여 성을 축조하였기 때문에 쉽게 함락할 수 없다"고 기록되어 있다. 고구려의 백암성白巖城은 요동성遼東城에서 동쪽으로 태자하太子河를 따라 20킬로미터 정도 위쪽의 강가에 위치하고 있는 산성으로, 요동평원에서 평양성으로 향하는 최단거리에 있어 매우 중요한 요새이다.《삼국사기》에는 547년에 개축되었다고 쓰여 있으며, 1500년이 지난 지금도 산성의 위용을 자랑하면서 높은 성벽에 치雉의 구조가 그대로 남아 있다.

　우리나라는 성곽의 국가라고 불릴 만큼 성곽이 많다. 남한만 보더라도 1200여 군데가 있고, 북한 지역과 만주 일대의 고구려 성곽을 합하면 무려 2000여 군데에 이른다. 대부분의 성곽은 군사 요충지인 높은 산에 있는 산성이며, 평지에는 주요 마을 공동체인 읍과 행정지휘부가 있는 행정관청, 왕궁 주변에 자리 잡고 있다.

　삼국시대의 각국은 자국의 통치와 외적의 침략에 대비한 평지의 도성뿐만 아니라 군사적으로 전략적 요충지인 산속에 화강암을 주 자재로 하여 산성을 축조하였고, 이로 인하여 다양한 축성기술이 발달하였다. 돌의 특성상 석성을 쌓기 위해서는 대규모

고구려 백암산성
자료: www.baidu.com에서 검색

의 공사가 이루어지고, 석성 내부에 여러 가지 주거 시설과 편의 시설이 들어서야 하기 때문에 공사를 위한 조직적인 체계와 인력 동원이 필수적이다. 따라서 대체로 국가체제가 안정된 삼국시대의 6세기부터 축성이 활발하게 이루어졌다. 석성을 쌓으려면 채석장에서 잘라 낸 거대한 바윗돌을 나르고 쌓는 데 필요한 많은 수의 군사와 인부, 운송 수단, 그리고 거중기 같은 축성도구가 있어야 한다. 또한 거대한 바위를 일정한 크기로 자르고 다듬어 조각하는 석공과 조수 및 연장을 충분히 갖추어야 한다.

이보다 더 중요한 것은 성이 자연재해로 인해 무너지지 않고, 적이 성벽을 오르기 어렵게 하며, 공성 무기인 돌대포(포석) 공격에도 성벽이 깨지지 않고 충분히 견딜 수 있는 축성 방법을 설계할 수 있는 다수의 전문 축성 기술자이다. 그리고 최종적으로 처음 계획 단계부터 성곽과 주변 시설을 군사적 측면뿐만 아니라 행정적 측면에서도 유용하게 활용할 수 있도록 설계하고 배치하며, 전체 토목 공사를 관리하고 지휘할 종합 토목 설계자와 공사 책임자가 있어야 한다.

고구려와 백제, 신라에는 많은 산성이 있지만, 고구려의 산성이 축조기술이나 성의 구조에서 다른 두 국가보다 훨씬 앞섰다. 대표적인 고구려의 산성으로 중국 랴오닝 성 환런현의 오녀산에 있는 오녀산성, 북한에 위치한 평안남도 용강군의 황룡산성, 평양의 대성산성 등이 있다. 남한에는 서울 광진구의 아차산과 용마산에 남아 있는 아차산성과 그 보루 등이 있으며, 충청북도 단양군

온달산성 성벽
자료: 현지답사 촬영

에 있는 온달산성이 유명하다.

산성은 축성 방식에 따라 명칭이 달라진다. 산성이 위치한 입지 조건과 성벽의 통과선이 지나가는 지형을 기준으로 크게 산정식山頂式(테뫼식)과 포곡식包谷式으로 나눈다. 이 두 가지 형식을 합한 복합식도 있다. 온달산성은 충청북도 단양군 영춘면 하리와 백자리 사이의 해발 427미터 성산에 축조되어 있는데, 고구려 평원왕의 사위인 온달이 신라군의 침입 때 이 성을 쌓고 싸우다가 전사하였다는 전설이 있는 산정식 석축산성이다.

필자는 2014년 4월에 고구려 온달장군과 평강공주의 전설이 내려오는 단양 온달관광지에 있는 온달산성을 답사하였다. 온달산성을 보면 고구려인이 산성의 위치를 정하는 군사 전략적인 안목이 높다는 것을 실감할 수 있다. 이곳은 적군이 오르기 힘들도록 매우 가파른 산비탈의 정상에서 강원도 영월부터 단양을 거쳐 신라 땅인 경상도로 가는 길목의 산 아래 도로와 넓은 지역을 한

눈에 볼 수 있는 전망이 좋은 장소이다.

성의 둘레는 683미터이고 동쪽 높이는 6미터, 남북쪽 높이는 7~8미터, 서쪽 높이는 10미터, 성의 두께는 3~4미터인데 현재까지 대부분의 성곽이 그대로 남아 있다.

성의 구조는 고구려 특유의 내외협축內外夾築*으로 구축하여 단면이 긴 사다리형을 나타내고 있다. 북동쪽 벽의 경우, 남아 있는 외벽의 높이는 7.58미터, 내벽의 높이는 3.7미터이고, 성벽 하부 단면의 폭은 5미터이며, 그 상부의 폭은 3.6미터이다. 이 북동쪽 벽의 기울기는 외벽이 평균 84.5도, 내벽이 평균 84도를 나타내고 있어 내외 벽이 비슷한 편이다. 북쪽 벽은 사암 위주의 석재를 사용하여 축조하였으며, 외벽의 높이는 7.4미터, 내벽은 현 지표상의 높이가 2.1미터인데, 굴토해 본 결과 4미터까지 확인되었다. 북쪽 벽 외면의 하단에서는 45~50도의 경사를 유지하며, 물려 쌓기와 빗 쌓기로 높이 1.2미터, 상면 1미터 폭의 기단을 만들어 쌓은 것을 발견하였다.[8]

온달산성은 고구려 성곽의 형태를 잘 보여 주는 산성으로, 산정상의 경사지에 수직으로 높게 쌓아 올려 있어서 그것을 올려다보면 성벽의 위용과 고구려의 위상을 느낄 수 있다. 납작하고 반듯한 돌을 서로 엇물리게 가지런히 쌓은 고구려 특유의 내외협축에 의한 축조기법 외에도 성벽에는 치 또는 치성雉城(성가퀴)이라

• **내외협축** 성의 안쪽과 바깥쪽에 성벽을 만드는 축조기법을 말한다.

는 구조가 있는데, 이는 중국이나 다른 국가에서는 볼 수 없는 고구려만의 특별한 축성기법이다. 이 산성의 북쪽 벽 서쪽 끝의 주성곽에 붙어 있는 치는 성 위에서 보면 사각형으로 길이가 6.3미터이고, 성곽에 붙은 상부 폭은 5.53미터, 하부 폭은 5.8미터이다.

성벽에 있는 '치'라는 구조는 하늘에서 내려다보면 일직선인 성벽에서 톱니바퀴의 돌출된 치처럼 'ㄷ' 자형으로 성벽이 튀어나와 있는 구조를 말한다. 성벽에 치나 치성 구조가 있으면 성을 방

온달산성의 치
자료: 현지답사 촬영

터키 에페소스 성벽의 치
자료: 현지답사 촬영

어하는 성벽 위의 군사가 성벽을 기어오르는 적군에게 활이나 창, 돌을 던져 적을 격퇴하기가 용이하다.

치는 적의 공격에서 산성이나 도읍지의 성을 방어하는 군사적 측면이나 과학적 측면에서 볼 때 당시로서는 매우 획기적으로 창안된 성곽 구조이다. 온달산성 외에도 고구려 산성에서 치 구조를 쉽게 볼 수 있는데, 아차산의 고구려 산성이나 요동과 만주의 모든 고구려 산성에는 지금도 치 구조가 남아 있다. 이러한 산성의 치 구조는 중국의 장성에서는 찾아볼 수 없고, 유럽에서는 동로마제국이 멸망한 후 14세기에 오스만제국이 만든 터키 에페소스의 성벽에서 나타나는데, 이들은 고구려보다 수백 년이 지난 후에 성벽에서의 전투에서 치 구조가 매우 중요하다는 것을 인식한 것으로 보인다.

05

신라 과학기술과 석조예술의 만남

석굴암은 불국사를 창건한 김대성이 불국사보다 먼저 만들기 시작하여 착공 후 24년 만인 혜공왕 10년(774년)에 완공하였는데, 당시에는 석굴암이 아니라 석불사石佛寺라고 불렀다. 토함산 중턱에 백색의 화강암을 사용하여 인위적으로 석굴을 만들고, 내부에는 본존불인 석가여래불상을 중심으로 그 주위 벽면에 보살상 및 제자상과 역사상, 천왕상 등 총 40구의 불상을 조각하였으나 지금은 38구만이 남아 있다. 석굴암의 내부 구조는 입구인 직사각형의 전실前室과 원형의 주실主室이 복도 역할을 하는 통로로 연결되어 있다.

석굴암의 입구에 해당하는 전실에는 좌우로 4개씩 불법을 수호하고 대중을 교화하는 장수인 천天, 용龍, 야차, 건달바, 아수라, 가루라, 긴나라, 마후라가의 팔부신중八部神衆 조각상이 있다. 통로의 좌우 입구에는 금강역사상金剛力士像을 조각한 석상이 있으며, 좁은 통로에는 좌우로 2개씩 동서남북 사방을 수호하는 사천왕상四天王像을 조각한 석상을 배치하였다. 원형의 주실 입구에는 좌우로

8각의 돌기둥을 세웠고, 주실 안에는 석가여래 본존불이 중심에서 약간 뒤쪽에 안치되어 있다. 주실 벽면은 입구에서부터 천부상 2개, 보살상 2개, 나한상 10개의 조각상으로 채워져 있고, 본존불 뒷면의 둥근 벽에는 석굴 안에서 가장 정교하게 조각된 십일면관음보살상十一面觀音菩薩像이 있다.

통일신라시대의 원숙한 조각기법과 사실적인 표현으로 완벽하게 형상화된 본존불은 모든 번뇌를 끊고 해탈의 경지에 이른 듯 숭고하면서도 온화한 얼굴 표정과 풍만하면서도 탄력 있는 당당한 체구를 지녔다. 뿐만 아니라 이상적인 신체 비례와 몸에 밀착된 옷자락의 간결하면서도 힘찬 잔물결 모양은 내면에서 살아 숨쉬는 것과 같은 느낌을 준다. 본존불의 주변에 둘러 있는 팔부신중의 얼굴과 온몸이 화려하게 조각된 십일면관음보살상, 용맹한 인왕상, 위엄 있는 모습의 사천왕상, 유연하고 우아한 모습의 각

| 1920년 당시의 석굴암 전경(좌)과 본존불(우). 자료:《조선고적도보》에서 발췌

종 보살상, 저마다 개성 있는 표현을 한 나한상 등 이곳에 있는 모든 조각품은 동북아시아뿐만 아니라 당시 유럽에서 문명이 고도로 발달한 시기였던 로마제국(305~565년)의 신전과 공공건물에 세워진 수많은 대리석 조각상에 뒤떨어지지 않는 최고의 석조 조각상이다.

석굴암은 신라 불교예술의 전성기에 이룩한 최고의 걸작으로 건축, 수리, 기하학, 종교, 예술 등이 유기적으로 결합되어 있어 더욱 돋보인다. 물론 석굴암을 조성할 당시에 있었던 중국과 인도의 거대한 석굴 사원의 영향을 상당 부분 받은 것으로 보인다. 중국 산서성에 있는 운강석굴은 세계적으로 유명한 석굴이며, 북위北魏시대(386~534년)에 만들어졌다. 특히 제20굴의 앉아 있는 불상 형태의 본존불은 높이가 13.46미터나 되어 그 위용이 대단하지만 석불의 조각기법과 미적인 예술성 측면에서 보면 석굴암 본

| 운강석굴 전경(좌)과 본존불(우). 자료: www.baidu.com에서 검색

존불에 비할 바가 아니다.

최초로 석굴암의 건축 양식을 과학적으로 검토한 사람은 일제강점기 당시 일본의 요네다 미요지米田美代治이다. 요네다(1907~1942년)는 7~8세기 우리나라의 삼국시대와 통일신라시대의 대표적인 사찰과 석굴암의 건축 구조를 분석하고 고찰하여 실측 조사를 통해 보고서를 발표하였다. 요네다의 보고서에 따르면, 석굴암 구조에는 당척唐尺*이 쓰였으며, 원형 주실의 반경은 12당척(약 336~376센티미터)이고, 원형 주실 입구의 폭도 12당척이다. 그리고 내부에는 정사각형, 정삼각형, 육각형, 팔각형, 원형 등을 복합적으로 사용하였다. 본존 대좌의 지름도 12당척이고 후실 입구도 12당척이다. 따라서 석굴암 구조의 기본 치수는 12당척이다. 12당척은 하루 12시를 나타내고, 원의 둘레인 360도는 음력의 1년을 나타낸다. 또한 신라 사찰의 평면 비례는 변의 길이가 3:4:5인 직사각형에서 5를 전개한 1:√2 비율의 직사각형이 복합적으로 유도된 것이다.[9]

1987년 국립중앙박물관의 강우방姜友邦은 석굴암의 설계에는 √2직사각형이 복합적으로 응용되었다고 주장하였다. 즉, 기본 단위인 12당척을 1로 삼아서 석굴암 건축을 분석해 보면 연대적으로 1:1.414의 비가 사용되고 있다. 12당척을 1로 본다면 한 변이 1인 정삼각형의 수직선은 √2가 된다. 이 1:1.414의 비례는 소위

•   **당척** 당나라시대의 길이 단위로 약 28~31.35센티미터에 해당한다.

'황금사각형Golden Rectangle'의 비례인 1:1.618에 가까운 수치이다. 황금사각형의 비례는 그리스에서 고대부터 전해지는 미학적인 비례이다. 석굴암의 이러한 수학적 비례의 복합적 응용은 종교적 원리와 과학적·미학적 비례의 원리를 일치시켜 종교적 관념을 예술적 형태로 표현한 것으로, 때문에 석굴암에 들어설 때 종교적 이면서도 예술적인 숭고한 미를 느낄 수 있다.[10]

석굴암은 또 다른 과학기술을 가지고 있는데, 그것은 환기와 습도를 자연적으로 유지할 수 있는 구조로 설계하여 건축하였기 때문에 1000년이 지난 조선 후기까지 석굴이 붕괴되거나 습기에 의한 조각품의 훼손 없이 유지되어 왔다는 것이다. 하지만 일제강점기에 일부 무너진 석굴암을 보수하기 위해 콘크리트 돔을 만들었는데, 이 때문에 지금까지도 석굴암 내부에 물이 흐르고 결로현상이 발생하고 있으며, 결국 석조물의 훼손이 심각한 상태에 이르렀다. 해방 후에도 몇 차례나 현대 기술 공법으로 환기와 결로현상을 해결하려고 하였으나 모두 실패로 돌아가고 미봉책으로 보완하여 왔음은 매우 안타까운 일이다.

첨성대는 통일신라 선덕여왕 16년(647년)에 백제인 아비지가 건립한 동양 최고의 천문대로, 국보 제31호의 석조건물이다. 첨성대는 현재까지 학자마다 그 용도가 천문대였는지 아니면 다른 용도로 사용되었는지 의견이 분분하지만 천문대로 사용되었을 것이란 의견이 지배적이다. 첨성대는 그것을 천문대로 보는 입장에서 천문학적 기능에 대해 많은 설명과 해석이 있었지만 통일신라시대 석조문화의 관점에서 첨성대의 구조적인 특성이나 아름다움에 대해 제대로 평가한 기록은 찾기가 쉽지 않다.

6세기 무렵을 전후하여 전 세계적으로 평지에 세워진 원통형의 석조건물은 거의 없으며, 첨성대가 유일하다. 한참 후인 12세기 무렵에 이르러 아프리카의 짐바브웨에 외부에서 유입된 정체불명의 민족이 모노모타파 왕국을 건설하였는데 비록 300년 만에 사라지기는 하였으나 그 유산으로 아크로폴리스 신전 유적지가 남아 있다. 1868년에 유럽인이 처음으로 짐바브웨를 탐험할 때 발견된 이 신전은 잡초가 무성한 밀림 속에 폐허로 남아 있었으며, 이 신전의 부속 건물로 용도와 정체를 알 수 없는 거대한 원통형의 석조건물이 있었다. 이 원통형의 건물은 신전의 성벽 사이

첨성대 전경
자료: 현지답사 촬영

짐바브웨의 아크로폴리스 석조건물
자료: www.google.co.kr에서 검색

에 위치하고 있는데, 크기와 원통의 모양, 축조 방법이 첨성대와 비슷하다. 이 원통형의 건물 역시 흙으로 속이 꽉 차 있으며 어디에도 올라가는 입구가 없다. 학자들은 이 정체불명의 탑을 신전의 감시탑이나 종교적 상징물로 추측하고 있다.

《삼국사기》에는 통일신라 이전의 고구려와 백제 및 신라에서도 천문 관측을 하였다는 기록과 함께 천문을 관측하는 관원의 명칭도 기재되어 있어, 삼국시대에는 이미 천문학에 대한 많은 지식과 과학적인 관측기술을 가졌던 것으로 보인다. 또한 고구려의 수도 평양에는 천문대라는 건축물이 있었는데, 삼국을 통일한 신라에서 고구려와 백제의 기술자를 활용하여 거대한 천문대를 만들고자 한 것은 자연스러운 일이었다.

1962년 당시 경주박물관장으로 재직한 홍사준 관장은 첨성대를 과학적으로 실측하고 그 내용과 도면을 보고서로 남겼다. 이 보고서에는 첨성대의 배치도, 입면도, 단면도, 각 단 평면도 등이 실려 있고 그 구조가 상세히 설명되어 있다. 또한 첨성대가 과학적으로 설계되었으며 천문 관측에 사용되었다고 평가하고 있다. 그는 사다리를 이용하여 첨성대 중간에 위치한 네모난 창으로 들어간 다음 내부 사다리를 이용하여 상부 천장 위에 올라가서 반듯이 누운 자세로 하늘을 쳐다보며 관측하였을 것이라고 추측하였다.[11]

첨성대의 내부는 남문이 나 있는 12단까지는 흙이 차 있고, 그 위는 비어 있다. 19단은 2장의 장대석長大石이 나란히 놓여 있고,

20단에는 짧은 장대석이 나란히 놓여 있는데, 그 끝이 밖으로 튀어나와 있지 않다. 25, 26단의 정자석도 역시 장대석을 나란히 엇바꿔 놓았다. 27단 내부의 반원 위치에는 길이 약 5.1척(1.56미터), 너비 약 2척(0.6미터), 두께 약 8촌(24센티미터)가량의 판석이 있고, 그 맞은편에는 판목板木을 놓았던 형태를 따라 장대석을 십자맞춤으로 놓았다.

첨성대는 상원하방上圓下方의 형태로 위가 원형으로 되어 있고 그것이 점차 아래로 내려가는 우아한 형상을 하고 있는데, 이것은 고대의 천원지방설天圓地方說을 상징한다. 원주부의 27단은 선덕여왕이 신라의 제27대 왕임을 뜻하는 것이며, 29개의 기단석은 한 달의 길이를 의미한다. 중간에 있는 창의 위아래로 12단씩 있는 것은 1년, 즉 12개월을 의미하며, 위아래의 단을 합하면 24개인데 이는 24절기를 뜻한다. 또한 석재 총수가 365개인 것은 1년의 일수를 나타낸 것이다. 첨성대는 사각형의 상하 2단으로 된 기단부, 원주부, 우물 정井 자형 상부의 3개 부분으로 나누어져 있다. 홍사준 관장이 실측한 보고서에 따르면 첨성대 각 부분의 치수는 다음과 같다.[12]

석수는 하층부터 27단까지 362매이고, 지대석 8매, 기단석 12매, 상부 정자석 2단 2매, 중간 정자석(19, 20단 및 25, 26단) 8매, 남측 문주 2매, 27단의 판석 1매로 구성되어 있다. 높이는 30.06척(9.108미터)으로 아래가 굵고 위가 가는 병 모양의 안정된 구조이다. 밑지름이 16.3척(4.93미터)이고, 윗지름이 9.4척(2.85미터), 대석으로부터 높이 약 13.7척(4.16미터) 되는 곳에 정남을 향하여 한 변의 길이가 약 3.3척(1미터)인 문이 나 있다.

첨성대에는 신비한 수학의 원리가 내재되어 있다. 한양대학교 수학과 명예교수인 김용운 박사는 그의 저서인《한국 수학사》에서 홍사준 관장이 실측한 첨성대 각 부분의 치수를 연구하여 첨성대는 피타고라스 정리에서 얻을 수 있는 3:4:5의 비율로 설계되었다고 발표하였다. 동양에도 피타고라스 정리와 같은 수학 정리가 있는데, 중국의 가장 오래된 수학책인《주비산경周髀算經》에 '구고현 정리句股弦 正理'라는 것이 있다. 이것은 3000년 전에 진자陳子라는 사람이 발견한 것으로 알려져 있다. 구고현 정리는 피타고라스 정리보다 500년 이상 앞서 발견된 것으로 고대 중국과 한국의 건축물 설계에 적용되었다.

김용운 박사의 계산에 따르면 피타고라스 정리에 합당하는 원주율은 다음의 방법으로 구할 수 있다.[13]

❶ 기단 대각선은 24.20척이고 첨성대의 높이는 30.63척인데 그 비는 약 0.8, 즉 4/5이다.

❷ 정자석의 한 변은 10.10척이고 1층 원의 지름은 16.85척인데 그 비는 약 0.6, 즉 3/5이다.

❸ 최상층의 원지름이 3.18척이고 중앙부에 있는 창의 한 변 길이가 9.64척인데 그 비는 약 3이다.

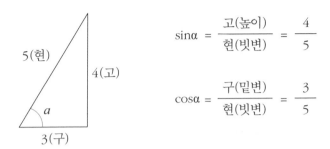

$$sin\alpha = \frac{고(높이)}{현(빗변)} = \frac{4}{5}$$

$$cos\alpha = \frac{구(밑변)}{현(빗변)} = \frac{3}{5}$$

이 3개의 수치인 3, 4/5, 3/5은 피타고라스 정리의 원주율, sinα, cosα의 값이 되는 것을 알 수 있다. 건축물에서 피타고라스의 원리인 3:4:5를 적용하면 전체적인 균형이 맞고 상하좌우의 균형감이 생겨 안정감 있게 보인다. 이러한 원리는 이집트의 피라미드에도 적용되어 있다. 첨성대를 만든 신라의 기술자들도 피타고라스의 정리와 같은 첨단 건축설계 기술을 익히 알고 있었으며, 이를 불국사나 석굴암 등 여러 건축물에 적용하였다.

첨성대는 유연하고 아름다운 병 모양의 반곡선 형태로, 세계의 어느 석조건물과도 닮지 않은 독특한 모습이며, 이는 신라 고유의 곡선미라고 할 수 있다. 원통부의 1단에서 27단까지 각 단의 중간 높이 점을 연결하여 외형 곡선을 그려 보면, 1~12단은 완만한 수학 곡선, 13~20단은 비스듬한 직선, 21~23단은 직선과 직선을 연결하는 변형 곡선, 24~27단은 수직 직선이 나타난다. 따라서 첨성대는 전체적인 외형이 하나의 완전한 연속 곡선이 아니라 두 곡선과 두 직선으로 된 완만한 복합 곡선이다. 부드러운 반곡선의 형태로 인해 첨성대는 안정되고 조화로운 느낌을 준다. 이러한 곡

선의 형태로 첨성대를 설계한 것은 건축 시의 안정과 완공 후의
안정감, 그리고 구조물의 기능과 필요한 공간 구성 조건을 함께
고려하였기 때문이다.

06

화강암을 부드럽게 다루는 석조기술

이집트나 그리스는 우리나라보다 1000여 년이나 앞선 시기
에 신전 등을 건축할 때 거대한 돌을 사용하여 고대 석조문화의
전성기를 이루어 냈다. 기원전 438년경에 만들어진 그리스 아테
네의 아크로폴리스에 있는 파르테논Parthenon 신전은 대단히 아름
다운 석조 건축물로 잘 알려져 있다. 파르테논 신전은 그리스의
도리아식 건축 양식으로 건축된 신전 중 궁극의 완성품일 뿐만 아
니라, 그리스 건축의 가장 빛나는 기념비적 걸작이다. 또한 아크

그리스 아테네의 파르테논 신전
자료: 현지답사 촬영

로폴리스의 에레크테이온Erechtheion(기원전 420년경)은 아테네 문명이 쇠퇴하기 시작하면서 도리스 양식 대신 등장한 이오니아 양식의 전성기에 만들어진 건물로, 석조 기둥을 여인의 입상으로 조각하여 만들어 놓은 독특한 건축 아이디어가 돋보인다.

그리스의 신전 유적을 직접 접하거나 사진을 통해 감상할 때면 가끔 우리나라는 왜 이런 거대한 신전을 만들어 내지 못했을까 하는 의문과 함께 우리나라의 석조문화를 아주 보잘것없는 것으로 치부하는 경우가 많다. 그러나 우리나라의 삼국시대에도 거대한 석조건물은 아니지만 파르테논 신전이나 에레크테이온 신전 못지않은 다양한 건축기법과 예술성을 갖춘 다보탑이나 석굴암 등의 격조 높은 석조문화가 있었다.

또한 그리스에서 신전 등의 건축에 사용된 돌 자재를 따져 보면 모두 가공하기 쉬운 대리석으로 만들어졌기 때문에 돌을 다루는 것이 아주 쉬웠다. 우리나라는 이런 종류의 대리석이 생산되

화강암과 대리석의 비교		
구분	화강암	대리석
분류	화성암계	변성암계
주성분	석영, 장석, 운모	방해석, 점토질, 규산
경도	6.5	3
흡수율	0.2 ~ 0.7%	1% 이상
비중	2.65	2.7
산성비	강함	약함(광택 지워짐)
압축강도	1300~2000(kg/cm^2)	1000(kg/cm^2) 미만

지 않으며, 우리나라에서 건축 자재로 사용하는 돌은 대부분 화산 분출로 조성된 화강암인데, 화강암은 대리석보다 돌 자체의 경도가 2배 이상 강하여 가공하기가 매우 어렵다(비교표 참조). 만약 우리나라에도 유럽과 같이 대리석이 많이 생산되었다면 우리 조상은 그리스의 파르테논 신전보다 더 정교하고 독창적인 석조문화를 만들어 냈을지도 모른다.

우리나라에는 북한산의 인수봉 같은 암벽과 인왕산처럼 산 전체가 바위와 돌로 된 돌산이 많은데 이 바위와 돌이 대부분 화강암이다. 화강암은 조직이 치밀하고 색깔이 맑으며 꺼칠꺼칠하지만 멀리서 볼 때는 부드럽고 단순하며 소박하게 보이는 아름다움을 가지고 있다. 화강암은 건축 자재로 쓰기에는 대리석이나 사암砂巖 및 다른 변성암에 비해 강도가 매우 높아 돌을 조각하는 정이나 도구를 잘 다루지 않으면 돌이 생각지 않게 쪼개지기 때문에 돌을 원하는 대로 조각하여 모양을 내려면 많은 노력과 공을 들여야 한다.

삼국시대의 다양한 석조문화를 보면 우리 조상은 화강암을 자유자재로 잘 다루었다는 느낌을 받는다. 삼국시대에는 돌을 사용하여 건축 구조물이나 성을 축조하고 불상 등의 석물을 만드는 일이 많고 중요했기 때문에 석공을 매우 존경하고 신처럼 받들었다. 중국에 있는 고구려 무덤인 오회분五盔墳*의 서남쪽 벽면에는 수레바퀴 신과 함께 돌을 다루는 신이 그려져 있다.

거친 화강암으로 잘 다듬어 놓은 불상의 얼굴이나 옷자락, 돌장승의 미소 띤 모습 또는 탑과 석조 다리 등을 보면 마치 나무에 조각을 하듯이 매우 부드럽게 석조 조각물을 만들었음을 알 수 있다. 이는 썩지 않으며 수천 년을 변하지 않고 견딜 수 있는 단단한 자연 자재인 화강암을 고조선 이래로 수천 년 동안 건축과 일상생활용품의 자재로 사용하다 보니 석조공예 기술이 매우 높아진 결과이다.

삼국시대의 석조 유물을 보면 우리 민족의 고유 정서를 잘 알 수 있다. 인도의 카일라사 사원이나 중국 산서성의 운강석굴 또는 캄보디아의 앙코르와트 사원 등 규모가 어마어마하게 크고

● **오회분** 중국 우산하 고분군에 속하는 고구려 돌방봉토무덤으로, 집안분지 중앙에 투구 모양의 고분 5기가 동서로 길게 배치되어 있다. 그중 4호분과 5호분에서 벽화가 발견되었다.

| 석굴암 십일면음관보살상 | 앙코르와트 사원의 여신상 |
| 자료: 《조선고적도보》에서 발췌 | 자료: 현지답사 촬영 |

거대한 석불이나 웅장한 석굴 사원을 본 후에 우리나라의 석조건
물과 석조유물을 보면 매우 아기자기하고 인간적인 소박함을 느
끼게 된다. 바로 이 느낌이 우리 민족 고유의 정서이며, 석조문화
이다. 우리는 인도나 중국 등의 민족이 추구하는 위압감과 신비감
을 가지는 거대한 종교적인 석조 구조물을 보고 경배하는 것이 아
니라, 인간 내면에서 자연스럽게 느낄 수 있는 어머니의 품 같은
포근함을 추구하며, 석불과 돌장승의 얼굴 그리고 정교하게 표현
하는 무늬 등에 우리의 현실 삶을 반영하고자 하였다.

　4~6세기에 만들어진 신라의 석조보살상과 12세기에 캄보디

현무암으로 만든 이집트 투트메스 3세 석상
자료: http://www.sca-egypt.org/MUS_LuxorMuseum.htm

대리석으로 만든 그리스 여신 석상
자료: 그리스 박물관에서 촬영

아 크메르 왕국의 수리야바르만 2세에 의해 건축된 앙코르와트 사원 여신상의 석공예 상태를 비교해 보면 같은 석조문화라고 하더라도 예술성과 정교한 기술성에 있어 많은 차이가 있음을 쉽게 알 수 있다. 일본 와세다 대학 연구진은 캄보디아 앙코르와트의 석재가 사원 주변에 있는 쿨렌 산의 기슭에 위치한 채석장 58개소에서 생산한 사암을 가공한 것이라고 발표한 바 있다.[14]

　　이집트와 그리스의 신전이나 인도의 사원 및 앙코르와트 사원을 축조한 사암과 대리석은 화강암보다 강도가 약하고 물러서 가공하거나 조각하기 쉬운 자재이고, 생성 시 주재료인 모래와 점토 등의 비율과 수분 함량에 따라 여러 가지 색으로 나타난다. 우리나라 산지에서 쉽게 얻을 수 있는 석 자재는 백색의 화강암인데, 삼국시대에 화강암을 조각한 석공들이 정교한 석조공예 기술과 독창적인 예술적 심미안審美眼을 겸비한 조각가임을 신라의 석조물과 같은 시대에 만들어진 다른 국가의 석조물을 비교하여 보면 알 수 있다.

특히 이집트의 투트메스 3세나 그리스의 여신 석상을 보면 조각하기 쉬운 현무암이나 대리석을 사용하였는데, 이집트에 이은 그리스 석조문화의 미적인 감각은 인체의 얼굴이나 근육 부분을 사실적이고 힘이 넘치도록 강조한 것이 대부분이다. 이집트 아몬 대신전의 비밀 장소에서 완전한 형태로 발견된 투트메스 3세 입상은 겉보기에는 여성적인 인상이라는 느낌이 들지만 우아한 얼굴 모습에서 왕으로서의 기품을 느낄 수 있는 이집트시대의 뛰어난 조각품이다. 신라, 크메르, 이집트, 그리스의 조각상에 대한 조각 재료와 난이도(재료의 경도 기준)를 비교한 내용은 다음과 같다.

각국 조각상의 조각 재료와 난이도				
구분	신라	크메르	이집트	그리스
조각상	관음보살상	여신상	투트메스 3세	여신상
재료	화강암	사암	현무암	대리석
난이도	10	4	7	5

삼국시대의 수준 높은 석조기술로 만들어진 석조물 중 가장 많이 볼 수 있는 것은 고대의 전통 민속신앙과 중국을 통해 들어온 외래 종교인 불교가 융합되어 만들어진 불상과 탑일 것이다. 불상과 탑은 우리나라와 인도, 중국 및 동남아시아 등이 동일하게 숭배의 대상으로 여기지만 그 축조 방법과 조형미는 국가마다 다르기 때문에 그 국가의 전통 양식에 따라 조각되거나 축조되었다. 삼국시대의 불상이나 탑에서는 우리 정서에 맞는 아름다움과 소박함 그리고 따뜻한 인간의 마음을 엿볼 수 있고, 이상적인 불국토佛國土를 만들고자 하는 염원을 느낄 수 있다. 불상은 온화한 미소를 띠고 있으며 크기도 사람과 비슷하여 동네 마을에서 언제나 볼 수 있는 순박한 주민의 모습을 닮았다.

| 경주 배동 삼존석불. 자료: 현지답사 촬영

| 서산 마애여래삼존상. 자료: 현지답사 촬영

1923년에 경상북도 경주시 배동 선방사터에서 넘어져 있는 삼존석불을 다시 복원하여 목조건물 속에 세웠다. 이 삼존석불은 아기처럼 밝은 미소를 띠고 있는데, 우리나라에서 가장 아름다운 것으로 손꼽힌다. 1925년 경주시 남산의 장창골에 위치한 석실에서 옮겨 온 석조미륵삼존불은 배동의 삼존석불과 마찬가지로 가장 한국적인 정서를 느낄 수 있으며, 거친 화강암에서 사람과 같이 부드러운 육감의 느낌이 들도록 공을 들여 조각한 석조기술의 정수이다.

백제시대의 석조 불상 중에서 충청남도 서산시 용현리의 산 중턱에 있는 국보 제84호 마애여래삼존상은 가장 한국적인 얼굴로, 따뜻하고 부드러우면서 넉넉한 미소를 머금은 제화갈라보살의 얼굴과 천진난만한 소년의 미소를 품은 미륵반가사유상을 볼 수 있다. 백제의 석공들은 빛이 비추는 방향에 따라 불상의 미소가 다르게 표현되도록 하는 격조 높은 심미안을 가지고 있었다.

이 마애여래삼존상에서는 아침에는 밝고 평화로운 미소를, 저녁에는 은은하고 자비로운 미소를 볼 수 있다. 또한 석조 불상이 동동남 30도, 동짓날 해 뜨는 방향으로 서 있어 햇볕을 풍부하게 받아들이고, 마애불이 새겨진 돌이 80도로 기울어져 있어 밑에서 보는 사람이 올려다보지 않고도 눈이 마주치게 보이도록 하는 과학적 치밀함이 더욱 돋보여 감탄을 자아낸다.

07
조형미와 예술성을 갖춘 사찰 석조물

삼국시대에 불교의 도입으로 건축되기 시작한 사찰의 중심
에는 건축적 조형미가 뛰어난 석탑과 예술적 감각이 돋보이는 석
등과 부도 등이 있다. 특히 사찰의 많은 목조 전각 및 주위 자연환
경과 절묘한 조화를 이루는 석탑은 각 지역의 자연성을 반영하는
다양한 모습으로 독창성을 가지고 발전하였다. 석탑 축조기술의
발전은 다채로운 석탑의 창안으로 나타나 건축기술적 측면이나
예술성에서 유럽의 거대한 신전에 비교하여도 손색이 없는 미륵
사지 석탑과 불국사 다보탑을 만들게 되었다. 우리나라 탑의 가장
큰 장점은 과학적인 건축기술을 바탕으로 한 치밀한 계획과 설계
를 통해 축조되었다는 것이다.

《삼국유사》에 따르면 삼국 중에서 고구려에는 평양 대보산
영탑사의 팔각 칠층 석탑 등 여러 사찰에 석탑이 있었다고 전해져
조탑기술이 상당한 경지에 이르렀음을 알 수 있다. 그러나 삼국
중기부터는 백제가 가장 앞선 조탑기술을 가지게 되었는데, 백제
의 기술자들은 우리나라 역사상 규모가 가장 큰 석탑인 미륵사지

석탑을 세웠다. 삼국 초기의 탑은 주로 목탑이었는데, 백제의 거대한 목탑을 건립하는 기술이 동북아시아에서 최고였으며, 이 기술이 신라와 일본에도 전해졌다. 삼국시대에 불교가 전래된 이후 절에서는 석가모니 불타의 사리엄장구*를 안치하여 모시는 탑이 신앙적으로 첫 번째 경배의 대상이 되었다.

고도의 조탑기술을 가진 백제는 7세기 초에 목탑의 형상을 그대로 석탑으로 재현하는 놀라운 창조력을 발휘하였다. 목탑이 불에 약하고 자연적으로 부식하여 오래가지 못하는 것을 알고 그들의 목탑을 영원히 보존하고자 하는 염원에서 목탑과 같은 모양과 규모의 석탑을 만들어 낸 것이다. 미륵사지 석탑은 아쉽게도 고려시대에 무너져 6층까지 한 면만 간신히 유지하고 있다. 일제 강점기에 탑의 붕괴를 막는다고 강제로 나머지 면을 두터운 시멘트로 막아 버려 흉측한 모습으로 바뀌었지만 최근 정부가 완전 해체 보수를 하고 있다.

미륵사지 석탑은 국보 제11호로 우리나라 최고·최대의 석탑이며, 높이는 무려 14.24미터에 달한다. 해방 후 미륵사지에 대한 전면 조사를 한 결과, 똑같은 모양의 9층 석탑이 쌍으로 서 있었던 것으로 판명되었다. 동탑은 1993년에 높이 27.67미터, 기단 12.4미터의 크기로 복원을 완료하였으며, 그 이후 서탑은 2001년에 완전 해체를 시작하여 2016년에 복원 완공을 목표로 공사 중

● **사리엄장구** 사리를 봉인하기 위하여 탑 안에 넣는 공양구를 말한다.

1916년 당시의 미륵사지 석탑
자료: 《조선고적도보》에서 발췌

복원된 미륵사지 동탑
자료: 현지답사 촬영

에 있다. 미륵사지 석탑을 우리나라의 최고 석탑으로 손꼽는 이유
는 그 이전에 백제와 신라에서 건립했던 거대한 목탑의 각 부 양
식을 나무 대신 돌을 사용해 충실하게 재현하였기 때문이다.

탑의 기단부는 목탑과 같이 낮고 작은 편이며, 사방으로 출
입구를 만들어 목조건물과 같이 내부로 통하게 하였다. 그리고 그
내부 중앙의 교차되는 중심에는 거대한 방형의 돌기둥을 세워 탑
이 중심을 잡고 지탱하게 하였다. 각 면에는 배흘림entasis이 있는
방형의 돌기둥을 세우고, 그 위에 목조건물의 두공 양식을 모방한
3단의 받침을 올려 옥개석屋蓋石*을 받치게 하였다.

• **옥개석** 석등, 부도, 석탑 등의 위에 지붕처럼 덮는 돌을 말한다.

    2층 이상의 탑신은 첫째 층보다는 훨씬 낮아졌으나 각 층 높이의 차이는 크게 나지 않으며, 2층 이상의 옥개석은 위로 올라갈수록 폭이 줄어들어 안정감을 가지도록 하였다. 거대한 석탑을 조성하면서 수천 개의 석재를 일일이 정확하게 짜 맞춘 미륵사지 석탑의 조형기술은 세계 최고의 건축기술이며, 안정감 있는 균형미와 탑 면의 아름다운 구성, 절묘한 석재 연결, 목조건물 같은 지붕의 온화한 느낌은 현대인이 감히 흉내 내기 어려운 조탑기술로 평가받고 있다.

    백제인이 만든 탑 중에서 부여 정림사지의 오층석탑은 작지만 하늘로 날아올라 갈 듯한 날씬한 모습의 조형미가 백제 석조문화의 극치를 보인다. 국보 제9호인 이 석탑은 낮은 기단 위에 5층의 탑신을 얹고 있다. 탑신은 1층을 높직하게 만들었으며, 각 면의 모서리 기둥과 벽면 돌을 각각 다른 돌로 맞추었고, 벽면은 2장의 판석을 결합하여 마치 벽마다 문을 낸 것처럼 보인다. 기둥은 밑이 넓고 위로 갈수록 약간 좁아져 시각적으로 안정감 있게 설계하였다.

| 정림사지 오층석탑. 자료: 현지답사 촬영

2층 이상의 탑신은 높이가 크게 줄고, 탑신의 폭도 비례감을 두고 정연하게 좁아진다. 지붕돌은 2단의 받침 위에 얹힌 채 평활하게 뻗어 나가다 마치 여인들이 신는 버선코처럼 끝을 살짝 들어 올려 부드럽고 경쾌한 느낌을 준다.

신라의 불국사는 통일신라 경덕왕 10년(751년)에 김대성의 발원에 의해 창건된 사찰로, 과거·현재·미래의 부처가 사는 정토淨土를 구현하고자 했으며, 《삼국유사》에서는 재상인 김대성이 전생의 부모를 위해서 석굴암을, 현생의 부모를 위해서 불국사를 지었다고 전한다. 그러나 그가 죽을 때까지 완성하지 못하자 신라 왕실에서 완성하여 국가의 복을 기원하는 사찰이 되었다. 이는 김대성 개인의 발원으로 거대한 사찰을 건축했다기보다는 삼국을 통일한 신라 왕실이 국가의 부와 권위를 나타내기 위하여 김대성으로 하여금 대규모 사찰을 건축하게 하고, 김대성이 죽어서 완성하지 못하자 국가가 나서서 완공한 것이라고 볼 수 있다.

불국사의 다보탑과 석가탑은 통일신라시대에 불교가 가장 전성기일 때 축조된 것으로 두 탑의 높이는 10.4미터로 같으며, 동탑인 다보탑은 당시의 고정관념을 깬 이형異形 석탑이고, 서탑인 석가탑은 탑의 조형기술이 절정기에 오른 시기에 만들어져 크기와 층간 간격과 높이가 일정한 비율로 균형이 잡힌 완전한 건축 설계상의 조형미를 갖춘 아름다운 석탑이다. 두 탑을 같은 위치에 세운 이유는 '과거의 부처'인 다보불多寶佛이 '현재의 부처'인 석가여래가 설법할 때 옆에서 옳다고 증명한다는 《법화경法華經》의 내용을 눈으로 직접 볼 수 있게 탑으로 구현하고자 함이라고 한다.

우아하며 다양한 구조를 갖춘 3층의 다보탑은 신라시대 예술의 극치라고 할 만하다. 탑 전체는 사면으로 계단을 가설한 사각 기단 위에 세워져 있으며, 1층은 육중한 기둥 위에 날개를 편 듯한 추녀가 가로로 뻗친 사각 기와집의 형상을 하고 있다. 2층은 면마다 연꽃잎 모양으로 창문을 낸 팔각정으로 되어 있다. 3층은 둥근 연화대 위에 세워진 원형의 기둥과 피어나는 연꽃송이 위로 방사형으로 짜인 서까래가 하늘을 날아갈 듯한 팔각지붕을 받들어 하늘의 누각을 만든 것처럼 솟아 있어 매우 화려하면서 정교하다.

이는 다보탑을 만든 석공이 석가여래를 초대하여 '극락의 누각인 다보탑에 오르셔서 불타를 위하여 신라가 만든 불국사를 보

불국사 다보탑(좌)과 상단 팔각정 확대 부분(우)
자료: 현지답사 촬영

십시오'라고 하는 뜻이 담긴 것 같다. 다보탑은 석재를 고정하고 붙이는 데에 접합재를 전혀 사용하지 않았고 다양한 석재를 맞춤 조립하여 만들었다. 다보탑은 완벽하게 기하학적으로 설계되어 있는데, 높이와 중요 부분이 8:4:2:1의 간단한 등비급수의 비로 구성되었으며, 이러한 건축 양식은 동양에서 유일한 것이다.

국보 제35호인 화엄사 4사자 3층석탑은 높이가 5.5미터로, 여인상이 신전의 지붕을 떠받치고 있는 그리스의 에레크테이온 신전을 연상시키며, 통일신라시대의 불국사 다보탑과 더불어 우수한 걸작으로 손꼽힌다. 기본 조형은 2층 기단 위에 3층 탑신을 얹고 그 정상에 상륜부를 놓은 신라 석탑의 전형적인 형태를 따르고 있으나 하층 기단 면석의 각 면에는 큼직한 안상眼象을 3구

화엄사 4사자 3층석탑
자료: 현지답사 촬영

씩 오목새김하고 그 안에 천인상을 1좌씩 12구를 돋을새김을 하였다.

상층 기단에는 돌기둥 대신 연화대 위에 무릎을 꿇고 앉은 암수 2쌍의 사자를 지주 삼아 네 모서리에 배치하였다. 사자들이 에워싼 중앙에는 합장한 채 서 있는 스님상이 있는데 이는 연기조사의 어머니라고 전하며, 바로 앞 석등의 탑을 향해 꿇어앉아 있는 스님상은 석등을 이고 어머니께 차를 공양하는 연기조사의 지극한 효성을 나타낸 것이라고 한다. 사자의 머리에는 연화대가 있어 이것이 상층부 기단을 받치고 있다. 이 석탑의 건립 연대는 각 부의 조각수법이나 건조 양식으로 보아 통일신라 성대인 8세기 중기로 추정되며, 신라시대의 사자석탑으로는 유일하다.

운주사 연화탑
자료: 현지답사 촬영

전라남도 화순군 운주사에 있는 보물 제798호로 지정된 고려시대의 원형 다층석탑은 우리나라에서 보기 드문 현대적인 기법의 탑이다. 하나의 돌로 된 거북이 모양의 지대석 위에 연꽃무늬가 새겨진 두툼한 원형 단을 만들고 비행접시 같은 모양의 원형 옥개석으로 탑을 세웠다. 이 탑은 삼국시대부터 전래된 전통 사찰의 표준 탑 양식을 벗어났으며, 고려시대에 서민적 삶의 양식을 단순하게 표현하는 자유분방한 사고를 가진 지방의 이름 없는 석공이 만든 걸작이다.

법주사 쌍사자 석등은 국보 제5호로 지정된 통일신라시대의 8각 석등으로, 석등의 지주를 사자가 떠받치는 형태로 제작한 것이 일반적인 석등의 지주가 원형이나 사각 또는 8각인 것과 대조

법주사 쌍사자 석등
자료: 현지답사 촬영

되는, 석공의 미적 감각이 뛰어난 유물이다. 땅에 놓인 넓은 8각의 지대석 위에 각형과 반원형의 2단으로 조형 감각을 갖춘 하대석을 올려놓았다. 8각 기둥을 대신한 쌍사자는 뒷발을 하대석에 올리고 가슴을 대고 마주 서서 앞발로 원반형의 상대석을 받쳤으며, 머리는 들어서 위를 향하였는데 머리에는 갈기가 있고 다리와 몸에는 근육까지 세밀하게 잘 표현되었다.

석등을 구성하는 화사석火舍石*은 8각으로 4곳에 장방형의 창을 내었다. 석등의 옥개석은 크고 8각이며, 처마 밑은 수평이나 추녀 끝은 한옥처럼 살짝 들어 올린 형태로, 정상에는 복련을 조각하였고 옥개 위에는 구형의 보주가 있다. 이 석등은 8세기경에 조성된 것으로 신라시대의 석등 중에서도 쌍사자를 도입한 기발한 조각기법과 넓은 지대석 및 옥개석 등의 비례에서 장중한 품격이 넘치는 걸작이다.

석조예술품 중에서 탑보다 더 조각의 아름다움을 보여 주는 것이 부도이다. 부도는 승려의 사리나 유골을 모셔 놓은 일종의 무덤이다. 전라남도 화순에 있는 쌍봉사 철감선사탑의 부도는 국보 제57호로 지정될 만큼 신라시대의 여러 부도 가운데 조각과 장식에 있어 가장 화려하고 예술성이 돋보이는 걸작이다. 이 탑은 신라 경문왕 8년(868년)에 건조된 것으로, 8각 기단 위 원형 대석에 엎드리거나 뒤를 돌아보거나 웅크리고 있는 여러 모습의 사자

● **화사석** 석등의 중대석 위에 있는 등불을 밝히도록 된 부분을 말한다.

상을 섬세하게 조각하였고, 목조 건축 형식의 지붕에 막새기와를 표현하였으며, 내부에도 연꽃무늬를 새겨 석공의 예술 차원이 불도를 능가하는 최고의 극치를 보여 준다.

쌍봉사 철감선사 부도
자료: 현지답사 촬영

08
기술과 아름다움이 결합한 석조문화

　　석조문화 중에서 성곽의 축조기술을 이용한 석축石築(돌 축대)
과 석교는 우리나라 고유의 전통적인 석조문화 중 하나이다. 건물
을 지을 때 경사진 면面을 평평하게 고르기 위하여 석축을 쌓는다.
석축은 건축물의 기반으로도 중요하기 때문에 경사진 면을 고르
는 역할뿐만 아니라 대지 위에 올라서는 건축물의 위용을 더하고
미관상 안정감과 장중함을 나타내기 위하여 조성하였다. 석축에
는 그 나름의 독특한 미학과 옛사람들의 정신이 담겨 있다. 산천
의 기운을 믿고 소중하게 여긴 우리 조상은 석축의 돌이 땅의 기
운을 감싸고 모은다고 여겼다.

　　석축에는 궁궐 건물, 연못, 사찰의 축대가 있고 탑을 위한 기
단基壇 등이 있다. 석축을 쌓는 기법은 주로 여러 가지 모양의 돌을
무질서하게 보이도록 쌓는 허튼 쌓기와 비슷한 돌을 판석처럼 다
듬어서 벽돌같이 엇갈리게 수직으로 쌓는 가로줄 쌓기, 계단식으
로 쌓는 층단식 쌓기, 그리고 드물지만 그랭이 공법 쌓기 등이 있
다. 불국사의 대석단은 길이 92미터, 높이 6.5미터의 큰 석축으로,

불국사 대석단
| 자료: 현지답사 촬영

부석사 허튼 쌓기 석축
| 자료: 현지답사 촬영

매우 장엄하게 보이면서도 하얀색 화강암과 붉은색 자연석의 배색이 아름답게 보이도록 쌓아 자연과 인공이 절묘한 조화를 이루는 대표적인 전통 석축이다.

부석사의 대석단 석축은 매우 큰 돌의 고른 면을 앞으로 하여 쌓으면서 여러 가지 형태의 큰 돌 틈새에 작은 돌을 끼워 넣어 자연스럽게 쌓인 것처럼 보이게 하는 허튼 쌓기로 조성한 아름다운 석축이다. 특히 경주 분황사의 석축기단과 481년에 아도화상이 건축하였다는 김천의 직지사 석축은 고구려에서 전래된 '그랭이 공법 쌓기'로 조성한 것인데, 석축 윗부분 바닥도 벽돌처럼 고르게 다듬어서 석축 기단이 아름다운 모습을 유지하고 있다. 그랭

자연경관과 어울리는 금산사 홍예교
자료: 현지답사 촬영

불국사 청운교
자료: 현지답사 촬영

이 공법은 목조건물을 지을 때에도 적용되는데, 윗면이 편평하지 않은 바윗돌을 주춧돌로 사용할 때 나무 기둥의 밑면을 돌 위의 모양대로 도려내어 기둥을 세우는 목조기술이다. 나무를 도려내어서 맞추는 것도 어려운데 돌을 그랭이 공법으로 다듬어 서로 굴곡이 맞도록 하여 쌓은 것은 대단히 놀라운 기술이다.

석교石橋는 계곡이나 개천에 돌로 만들어진 다리이다. 우리나라는 삼국시대부터 다리가 무너지지 않게 정교한 건축기술을 동원하고, 자연경관과 어울리는 형태로 축조하였다. 일반적으로 교각을 세워서 평면으로 만드는 것도 있지만 안전성이 있고 건축 조형미를 갖춘 아치형 홍예교를 많이 선호하였다.

불국정토인 불국사의 청운교와 백운교도 아름다운 계단식 석조 돌다리이다. 이 다리의 중심부에는 기다란 장대석이 설치되어 있는데 아래 계단이 청운교이고 위 계단이 백운교이다. 청운교와 백운교의 다리 아래는 홍예로 다리를 받치는 형상인데, 실제로 구품연지로 흘러드는 물이 청운교의 홍예 아래로 흘렀다고 한다. 백운교의 홍예는 다리 밑으로 사람이 통행하도록 만든 구조이다. 화강암 돌을 나무처럼 둥글게 다듬은 장대한 다리 난간은 부드러움을 가지고 있으며, 3단으로 쌓은 석축과 함께 장중하고 온화한 느낌을 주어 자신도 모르게 부처님께 이끌려 불국 세계로 들어가게끔 만들었다. 일반 백성이 보아도 아름다운 다보탑을 만든 석공들이 다리에도 한껏 멋을 부려 다리에 올라갈 때 불심이 저절로 일어나 다보탑과 석가탑에 경배하도록 한 의도가 엿보인다.

나주와 함평의 경계에 있는 함평 고막천 석교는 일명 '똑다리' 또는 '떡다리'라고 불리는데, 전체 길이 20미터, 너비 3미터, 높이 2.1미터의 고려시대 석조 다리이다. 이 다리는 삼국시대의 목조 다리 양식을 석조 형태로 바꾼, 우리나라에서 보기 드문 돌로 만든 다리이다. 마치 나무를 베어 내듯 자유롭게 돌을 자르고 짜 맞춘 솜씨가 돋보이는데, 이 다리는 현재 석조 다리로는 유일하게 보물 제1372호로 지정되어 있다.

전설에 따르면, 고려 원종 14년(1273년)에 무안 승달산에 있는 법천사의 도승인 고막대사가 도술로 이 다리를 만들었다. 또한 조선 후기 '동학농민혁명' 때 이 다리 근처의 고막포古幕浦에 집결한 농민군과 관군이 이 다리 위에서 전투를 벌여 수많은 농민군이 피를 흘린 역사적 현장이기도 하다.

이 다리의 건조 방식을 살펴보면 좀 투박해 보이면서도 멋부리지 않은 옛날식 그대로의 운치가 있다. 다듬거나 모양을 내지 않은 화강암의 석재 4~5개를 포개어 교각을 만들고, 네모난 돌을 1~2개 받쳐 굄돌로 삼았다. 그 위에 다시 시렁돌을 올렸는데, 이 돌은 노면보다 양쪽으로 50센티미터 정도 튀어나와 있어서 멀리서 보면 마치 다리의 날개처럼 보인다. 교각과 교각 사이 위에는 'ㄴ' 자형과 'ㅗ' 자형으로 판석을 놓게끔 가공한 길고 널따란 판석 3개를 나란히 얹어 노면의 기초를 만들었다. 이 3개의 판석 사

함평 고막천 석교(상)와 확대 부분(하)
자료: 현지답사 촬영

이에 6개의 작은 판석을 가로로 놓아 평평한 노면을 만든 것은 목조건물에 사용되는 과학적 기술을 적용한 것으로 매우 독창적인 기술이다.

과학기술이 바탕이 된 우아한 석조 다리, 기술과 정성이 묻어나는 시골 마을의 돌담길 등은 아름다운 추억을 만드는 우리의 석조문화이다. 그러나 일제강점기에 전통문화가 단절되고, 해방 이후 무분별하게 사용된 시멘트와 대리석이 아름다운 우리나라의 전통 석조문화를 대체하였다. 시멘트로 건축한 볼품없는 건축물

조선시대에 축조한 안양시 만안교
자료: 현지답사 촬영

시골 마을 돌담길
자료: 현지답사 촬영

만 곳곳에 널리고 전통 석조문화는 찾아보기 힘들어진 오늘날의 현실은 대단히 안타까운 일이 아닐 수 없다. 이제부터라도 아름다움과 민족의 긍지를 가진 전통 석조문화를 사랑하고 보전하며, 널리 보급하여야 할 것이다.

제5부

조선이 발명한
세계 최초의 2단 로켓

01
중국 단약과 화약 무기의 역사

화약 하면 먼저 떠오르는 인물은 노벨상 수상자로 유명한 스웨덴의 알프레드 베르나르드 노벨Alfred Bernhard Nobel(1833~1896년)과 고려시대의 최무선이다. 우리가 노벨을 먼저 생각하는 것은 그가 과거의 흑색화약黑色火藥에서 폭발력이 엄청난 무연화약無煙火藥인 '다이너마이트'를 발명하고, 이 화약사업으로 세계적인 부자가 된 후 그의 유산으로 노벨상을 만들었다는 상식이 우리의 뇌리에 깊이 박혀 있기 때문이다. 그러나 화약을 처음 군사용으로 제조하여 사용한 것은 노벨시대보다 600년이나 앞선 중국 송宋(960~1279)나라 때이며 13세기 원元나라 때 중국의 화약기술이 아랍과 유럽에 전래되었다.

화약이란 마찰, 타격, 열, 불꽃 또는 전기 스파크 같은 외부의 자극(충격)에 의해 급격한 화학반응(연소, 폭발)이 일어나면서 고온의 열과 함께 다량의 가스를 발생시키는 폭발물(화합물 및 혼합물) 중 공업적으로 이용 가치가 있는 것을 말한다. 초기의 화약은 오늘날의 흑색화약과 유사한 조성물이었다. 초석礎石(질산칼륨), 유황硫黄, 숯(목탄木炭)의 혼합물인 이 조성물이 흑색화약의 원조가 되었으며, 처음 이러한 조성물이 만들어진 후 1000여 년이 넘은 오늘날까지도 사용되고 있다.[1]

화약에 대해 우리가 자부심을 가질 수 있는 것은 유럽에 앞서 고려시대에 중국이 화약기술을 전수해 주지 않았는데도 독자적으로 고려 말에 군사기술자인 최무선이 화약과 다양한 화약 무기를 발명하였다는 것이다. 중국은 화약이 중국에 의한 세계 4대 발명의 하나라고 주장하지만 공식적으로 어느 때 누가 발명하였다는 기록은 남아 있지 않다. 단지 화약이란 단어가 세계에서 처음으로 의약서에 등장하기 때문에 그들이 발명하였다고 주장하는 것이다.

중국 춘추전국시대(기원전 770~403년) 노자老子의 《도덕경道德經》을 근간으로 한 도교道敎의 연단술사煉丹術士가 불로장생의 묘약인 단약丹藥을 제조하기 시작하였는데 진시황시대에 절정을 이루었다. 특히 진시황이 불로불사를 염원하여 연나라 출신의 노생에게 불로장생한다는 영약을 구해 오게 하고, 서복徐福에게 동쪽에 가서 불로초를 구해 오도록 했다는 기록이 있다.

당나라시대의 연단술사는 유황과 초석, 목탄 등을 혼합하여 불로장생의 단약을 만들고자 하였는데 이 재료는 한漢(기원전 202년~기원후 220년)나라 때 발간된 《신농본초경神農本草經》에서 중요한 약재로 기술하고 있다.

양梁나라 무제武帝의 두터운 존경을 받은 도가道家의 학자인 도

홍경陶弘景(452~536년)이 의술에 사용되는 365종의 약재를 정리하여 저술한《신농본초경》에서는 처음으로 유황과 초석의 성질을 상세히 설명하였다. 그는 이 책에 대한 주석으로《신농본초경집주 神農本草經集註》를 썼는데 약물의 종류를 1년의 날수인 365종으로 한 것은 도가의 신선술의 영향을 받은 것으로 보인다.《신농본초경》에서는 유황을 성性 보존 약물인 중품 약 중 제3종에 넣었고 초석을 불로장수약이라는 상품 약의 120종 중 제6종에 넣어 매우 중요한 약재로 취급하였다.

그 당시 연단술사나 의술자가 이러한 책에 기술되어 있는 지금의 흑색화약 기초 재료를 단약을 만드는 데 여러모로 사용한 것을 알 수 있다. 이들 연단술사는 불로장생의 단약은 발명하지 못하였지만 수백 년을 거치면서 여러 재료의 화학적 특성과 제조 기술을 축적하게 되었고, 단약의 실험과정에서 폭발현상이 일어난다는 사실을 발견하였다. 그래서 그들은 이 세 가지 약재가 혼합된 물질을 병을 치료하는 약물로 여겨 '불이 붙는 약'이라는 의미로 화약火藥이라 이름 붙였다. 화약이란 단어는 송나라 때 만든 도교의 경전인《도장道藏》의 단약을 제조하는 내용에서 처음 등장한다.

당나라의 명의이던 손사막孫思邈(581~682년)은 그의 약재 관련 서적인《단경丹經》에서 '복화유황법'에 대해 기술하고 있는데 그 내용은 다음과 같다.[2]

"2냥씩의 초석과 유황을 분쇄한 다음 은제 용기에 넣고 다시 조각자(쥐엄나무 열매의 씨) 3개를 넣은 후, 불을 지펴 불꽃이 일어날 때 목탄 3근을 넣는다. 목탄이 1/3쯤 타면 불을 끄고 혼합물을 꺼낸다."

단약을 만드는 연단술사는 복화유황법으로 단약을 제조하는 과정 중 유황, 초석, 목탄을 적당한 비율로 혼합하면 폭발이 일어난다는 사실을 알게 되었다. 이러한 화약 제조기술은 군수 물품을 제조하는 장인의 손에 넘겨졌으며 그들은 원료 배합에 관해 여러 차례의 실험을 거쳤다. 그 결과 몇 가지 원료의 배합 비율을 바꾸어 밀봉된 상태의 화약에 불을 붙이면 폭발한다는 사실이 밝혀졌다. 이러한 화약 제조기술이 송나라 때 이르자 화약은 통제 가능한 실용적인 군사용 폭발물이 되었다.[3]

그러나 중국 송나라 이전의 역사 기록에서 화약을 언급한 내용이나 화약을 무기로 사용하였다는 기록은 찾을 수 없는데 중국인 덩인커는 저서 《고대발명》에서 단약의 특성만 갖고 화약의 발명을 당나라 초기(630~650년)로 소급해 과장하여 설명한 것으로 보인다.

화약을 언제부터 병기로 이용하였는지는 알려지지 않았지만 많은 중국의 학자는 문헌상 당나라 덕종 흥원 원년(784년)에 이희열李希烈의 반란군이 사용했다는 방사책方土策을 최초의 화약 병기의 사용으로 보고 있다. 《신당서新唐書》의 〈이희열전李希烈傳〉에 따르면, 이희열은 국호를 초楚로 정하고 스스로 황제라고 칭하며 반란 군을 이끌고 송주를 공격할 때 방사책으로 병영과 성벽 위의 방어 물을 불태워 버렸다. 당시에 사용한 방사책이 무엇인지는 정확히 밝혀진 바가 없으나, 중국의 학자들은 일종의 '화기火氣'가 틀림없 다고 주장하고 있다.

그러나 이 주장 또한 중국의 학자들이 화약의 기원을 당나라 까지 앞당기려 한 의도에서 나온 설명이고, 필자의 의견으로는 과 거 춘추전국시대 때부터 전쟁 시 화공火攻에 사용한 연소 기능이 좋은 기름과 유황 등의 혼합 물질 등을 방사책이란 단어로 표현한 것이 아닌가 한다. 특히 '방사책'은 그 단어에 있는 '책策'이 화약 물질을 의미한다기보다는 어떤 전술을 의미하기 때문에《삼국지 연의三國志演義》의 제갈량諸葛亮과 주유周瑜가 적벽대전에서 화공전술 로 조조의 대군을 격파하는 데 사용한 '연환계책連環計策'을 연상하 게 한다.

또 다른 예로 소설《삼국지三國志》를 들 수 있는데, 나관중羅貫中 의《삼국지연의》를 국내에서 번역한 박종화의《삼국지》에는 화약 과 지뢰에 대한 흥미진진한 이야기가 있다.《삼국지》에는 공명이 남만으로 정벌을 갔을 때 장수 위연魏延이 남만왕 맹획孟獲을 지원 하는 오과국왕 올돌골兀突骨의 등갑군을 산골짜기로 유인하여 화약 과 지뢰로 섬멸하였다는 이야기가 나온다. 또한 제갈량이 사마의 司馬懿와의 결전에서 장수 위연을 시켜 사마의 군대를 상방곡 골짜 기로 유인하는 계략에 성공하여 상방곡에 사마의 삼부자를 몰아 넣었는데, 미리 골짜기 바닥에 매설한 지뢰로 폭사시키려다 마지막에 큰 비가 내려 결국 작전이 실패로 돌아갔다는 이야기도 나온다.[4] 나관중은 화약을 군사 무기로 사용한 송나라 때 사람이므로 《삼국지연의》의 시대 배경인 후한 말에서 삼국시대(220~280년)에도 화약이란 폭발성의 물질이 있었을 것으로 가정하여 소설 내용에 화약과 지뢰를 삽입한 것으로 추정된다.

민병만은 그의 저서 《한국의 화약역사》에서 다음과 같이 설명하고 있다.[5]

"송나라 노진路振이 쓴 《구국지九國志》에 당나라 애제 천우 초(904~906년)에 정번鄭蕃이 예장을 공격할 때 '발기비화發起飛火'를 사용해 예장豫章의 용사문을 소각하였다는 기록이 있어 실제 화약이 전쟁 무기로 사용된 것으로 볼 수 있다. '비화飛火'는 화약이고 '발기發機'는 투석기나 쇠뇌로서 이 '비화발기'를 화약 병기로 간주하고 있다. 아마도 화살 끝에 연소제를 발라 발사하는 일종의 화전火箭일 것으로 추측된다."

그러나 이 또한 중국 당나라나 우리나라 삼국시대에 사용한 화공용 화전을 화약을 사용한 것이라고 과대평가한 것으로 판단된다.

실제 화약은 중국 송나라 때 화포용 화약, 독약을 넣은 연막탄용 화약, 철제 파편이 들어간 화약 등 화약 제조법이 크게 발달하면서 처음 군사용 무기로 사용되기 시작하였다. 1044년에 편찬된 증공량曾公亮의 군사병법서인 《무경총요武經總要》에서는 화약 무기의 제조 및 배합 방법을 자세하게 기술하고 있다.

송나라 때 화약의 성능이 날로 높아지면서 이를 이용한 무기가 대량으로 사용되었으며 이러한 화약 병기의 출현은 군사적으로 커다란 변혁을 일으켰다. 당시 대표적인 병기로는 강력한 폭발성 화기인 벽력포霹靂砲, 무쇠로 덮개를 만든 진천뢰震天雷 등이 있었다. 또한 개인 화기로 사용할 수 있는 화통火筒으로는 대나무 통에 화약을 장전해서 발사할 수 있는 돌화창突火槍이 있었다. 화약과 화포 기술은 13세기 원나라 때 서남아시아로 군대를 원정 보내면서 아랍 세계에 전파되었고 아랍인에 의해 유럽으로 건너가게 되었다.

몽골의 군대가 아랍 지역에서 최초로 화약 병기를 사용한 것은 1219년 칭기즈칸Chingiz Khan(?1167~1227년)이 1차 서방 원정 당시 중앙아시아 지방의 호라즘 왕국을 공격할 때이다. 그 후 1221년 네사를 공격할 때는 화전, 화포 등 본격적으로 화약 병기를 사용하였으며 1258년 원나라 군대가 바그다드를 침공할 때에는 철병이란 진천뢰를 사용하였다. 화약 무기를 주로 사용한 원나라 군대의 아랍 정벌로 인해 아랍권이 본격적으로 화약 병기와 접촉하게 되었다.

아랍–이슬람 세계에서는 몽골군의 위력적인 화약 병기에 대해 알고 난 이후에 중국 상인에게서 화약 제조 방법을 알아내어 중국의 각종 화기를 모방하여 제작하기 시작하였다. 시리아의 병술가 하산 알람마흐 알아흐답Hasan al-Rammāh al-Ahdab이 1285~1295년에 저술한 병서《기마술과 병기Kitābu'l Furūsiya wa'l Munāsibul Harbiya》는 중국 화약의 성분과 화기 제조 방법을 구체적으로 소개하고 있다. 화약에 대한 정보를 아랍에서 전래받은 유럽은 화약과 화포를 14세기 중엽에 처음으로 전쟁 무기로 사용하기 시작하였다.

전 세계 과학의 역사를 사실적인 자료에 근거하여 저술한 스티븐 메이슨Stephen F. Mason은 저서《과학의 역사History of Sciences》에서 유럽의 화약 역사에 대해 서술하였는데 그 내용은 다음과 같다.[6]

"화약이 유럽에 처음으로 등장한 것은 13세기인데, 그 최초의 기록은 몽골인이 침범하고 나서 몇 년 후인 1249년에 로저 베이컨Roger Bacon이 쓴 편지 속에 나타나 있다. 대포가 처음 기록된 것은 1325년이고, 1327년에는 그림으로 처음 그려지게 된다. 이에 따르면, 초기의 대포는 항아리 모양의 도구로서 화살촉이 붙은 화살탄을 발사하고 있다. 아마도 초기 대포는 중국인이 사용했던 척탄을 기초로 만들어진 것 같다. 화약을 가득 채운 철제로 만든 척탄을 발사기에서 쏘았다."

고려는 중국의 화약과 화약 병기에 대한 정보를 송나라 때부터 알고 있었지만 실제로 체험한 것은 1231년부터 30년간에 걸친 여섯 차례의 몽골과의 항전 때이다. 그 당시 몽골군은 화약을 이용한 무기를 사용한 것으로 추정되는데, 그 이유는 같은 시기에 아랍과 유럽을 침략한 몽골군이 화약 무기를 이미 사용하였기 때문이다.

02
신라 화약 무기의 역사

우리가 통일신라에서 화약 무기를 사용하였다고 주장하면 아마도 중국 4억 명의 인구가 발끈할지도 모른다. 한국은 동방예의지국이 아니라 염치도 없이 그들의 세계적인 발명품을 도둑질하는 동방몰염치국이라고 성토할 것이다. 경우에 따라서는 고구려가 중국의 지방 정부라고 하는 동북공정東北工程을 넘어서, 조선과 한국이 중국의 지방 정부라는 동남공정東南工程을 해야 한다고 떠들 것이다.

신라의 화약 무기 이야기는《삼국유사三國遺事》에 그 근원이 있다.《삼국유사》의 〈태종 춘추공〉 편에 661년 한산성(북한산성) 전투에 대한 내용이 다음과 같이 기록되어 있다.

"왕사가 백제를 평정하고 이미 돌아간 후에 신라왕이 여러 장수에게 명하여 백제의 잔적을 뒤쫓게 하고 한산성에 주둔하니, 고구려와 말갈 두 나라의 군사가 포위해 와서 서로 공격하였다. (중략) 그리고 상부산에 단壇을 쌓고 신술神術을 쓰니, 갑자기 큰

독처럼 생긴 광휘光輝가 생겨나 이것이 단 위로 떠올라 별이 되어 북쪽으로 날아갔다. (중략) 한산성의 군사들은 구원병이 오지 않음을 원망하며 서로 바라보고 울 뿐이었다. 적들이 급히 공격하려고 하는데 갑자기 광휘가 남쪽 하늘에서 날아와 벼락이 되어 30여 개의 포석砲石*들을 쳐부수니 적의 활, 화살, 창, 칼이 산산이 부서졌다.”

이러한 《삼국유사》의 내용에 대해 이종호와 박택규는 저서 《한국의 과학기술 이야기 2》에서 ‘광휘’는 신라군이 쏜 것인데 ‘광휘’란 문자의 뜻으로 보아 눈부시게 밝은 불빛을 내는 무기이며 ‘신술’은 당시 ‘신기한 기술’이란 화약 무기를 의미한다고 해석하였다. 또한 “신술을 쓰니 큰독처럼 생긴 광휘가 생겨났다”라는 표현을 두 가지로 해석하였다. 첫째는 광휘는 현대의 로켓과 같은 분사 추진 무기인데, 그것이 날아가는 형태가 흑색 추진 화약가스가 불을 뒤로 뿜으면서 날아가는 모양과 똑같다고 보기 때문이다. 둘째는 흑색화약을 포에 채워 발화하였을 때 포신이 짧으면 화약이 포신 안에서 다 타지 못하고 밖으로 나와서도 계속 연소되는데, 이 모양이 불길과 함께 독처럼 생긴 탄이 날아갔다는 표현과 동일하다고 보는 것이다. 그것이 어느 것이든 중요한 것은 《삼국유사》의 기록에서 전하는 ‘광휘’는 흑색화약을 쓴 무기가 틀림없

●   **포석** 성을 공격하는 데 쓰는 커다란 돌을 쏘아 날아가게 하는 무기를 말한다.

다는 점이다.[7]

또한 《조선왕조실록朝鮮王朝實錄》 중 세조 2년(1456년) 3월 28일
에 집현전 직제학 양성지梁誠之가 고려의 역사적 인물에 대해 문묘
종사●할 것을 주장한 상소문에 화약에 관한 다음과 같은 내용이
있다.

> "신라 때부터 단지 포석의 제조만 있고 역대 화약의 법이 없었
> 는데, 전조 말에 최무선이 처음으로 화포의 법을 (중략) 기술을 전
> 하니, 지금은 군 진지에서 사용하여 이로움이 말할 수 없습니다."

이러한 상소 내용을 보면 신라는 포석은 제조하였으나 화약
제조 방법은 전래받지 못했음을 알 수 있다. 삼국시대에는 고구
려, 백제, 신라 삼국 모두 포석을 제조하여 성을 공격하는 무기로
사용하였는데, 조선시대 초기에 화약을 거론하며 유독 신라의 예
를 든 것은 신라시대에 화약을 사용하였음을 암시하며 이 화약 제
조 비법이 전래되지는 않은 것을 보여 준다.

필자의 견해로는 신라가 당나라와 군사동맹을 맺고 있었고,
그 이전부터 당나라의 여러 가지 문물이 신라에 유입된 것을 보아
당나라의 약재 관련 서적인 《단경丹經》도 신라에 전해졌을 것으로
보인다. 신라인도 도교에 관심이 많아 《단경》과 같은 서적을 통하

● **문묘 종사** 묘소와 사당을 정비하고 제사를 지내는 것을 말한다.

여 단약을 만들다가 화약과 유사한 강력한 발화 물질을 만들게 되어 군사적으로 사용하려고 했을 것이다. 필자는 신라가 한산성 전투에서 시범적으로 신라의 첨단 무기인 천보노千步弩에 화약과 유사한 발화 물질을 장착하여 발사한 것이 아닌가 한다. 천보의 거리(약 1200미터)를 날아간다는 천보노에 화약과 유사한 강력한 발화 물질 덩어리를 부착한 뒤 불을 붙여 발사하면 불꽃을 휘날리는 커다란 불덩어리가 유성과 같이 적진에 날아갈 것이고 이것이 바로 광휘와 같은 상태가 될 것이다.

천보노는 화살을 자동 발사하는 쇠뇌의 개량형 무기인데, 쇠뇌는 고조선과 중국의 춘추전국시대부터 사용된 매우 위력적인 활의 일종이다. 철제 쇠뇌 발사기 유물은 고조선시대의 무덤(평양 석암리 9호 고분) 등 여러 지역에서 출토된 것이 있다. 신라의 첨단 비밀 병기인 천보노는《삼국사기》의 〈신라본기〉에 소개되어 있는데 그 내용은 다음과 같다.

"669년 겨울, 신라에 온 당나라 사신은 황제(당 고종)의 명령이라 하여 구진천을 당으로 데려가 쇠뇌를 만들게 하였다. 당나라는 신라와 연합하여 백제와 고구려 정복전을 치르면서 구진천이 만든 쇠뇌의 위력을 이미 알고 있었다. 더욱이 당 고종은 부왕父王과 김춘추와 맺은 약속을 무시하고 백제, 고구려 땅을 차지하는 것은 물론 신라까지 손아귀에 넣고자 하는 욕심이 있었으므로 그런 그에게 신라의 쇠뇌는 가장 두렵고 탐나는 무기였다.

구진천을 데려와 그 기술의 비밀을 알면 신라마저 무력으로 굴복시키는 첨단 무기로 유용하게 쓸 수 있으리라는 속셈이었던 것이다. 그런데 구진천이 당나라로 불려 가 만든 쇠뇌는 겨우 40미터밖에 나가지 않았다. 고종이 그 이유를 묻자 현지의 재료가 불량해서 멀리 날아가는 쇠뇌를 만들 수 없다고 대답하였다. 당 고종은 신라에서 재료를 구해 와서 다시 고쳐 만들도록 명령하였다. 그러자 이번에는 화살이 80미터 정도 날아갔다. 구진천은 신라에서 나무를 가져오면서 바다를 건넜기 때문에 나무에 습기가 배어서 그럴 것이라고 말하였다. 고종은 화가 치밀었다. 구진천이 한 말은 핑계에 불과하고 일부러 엉터리 쇠뇌를 만든 게 아닌가 하고 의심하면서 잘 만들면 큰 상을 내리고, 만약 제대로 만들지 않으면 무거운 벌을 내리겠다고 위협까지 했지만 구진천은 결코 그 재주를 보여 주지 않았다."

이러한《삼국사기》내용은 당나라가 661년 한산성 전투에서 화약과 같은 강력한 발화 물질이 장착된 천보노의 위력에 대한 정보를 입수하고 천보노를 개발하고자 669년 당 고종이 신라에 무리하게 요구하여 쇠뇌 기술자인 구진천을 데려간 것이다. 당나라의 입장에서는 화약과 같은 발화 물질은 그들도 잘 아는 것이었기에 단지 천보노만 필요하였을 것이다.

현재 천보노의 유물이나 그림은 전해지고 있지 않으나 나당 전쟁의 격전지였던 임진강에서 출토된 화살촉을 학자들이 검토하여 유추해 본 결과, 철촉의 길이는 대략 22센티미터이고 날 부분은 15센티미터였다. 이는 일반 화살촉보다 3배 이상 큰 것인데, 화살촉의 크기에 비례하면 화살의 길이는 140센티미터로 일반 화살보다 60센티미터나 더 긴 것으로 추정된다. 신라에서는 화약과 같은 발화 물질을 제조 방법이 까다롭고 취급하기가 곤란하여 통일신라 이후 추가 개발 및 보급하지 않은 것으로 보인다.

《삼국유사》에 있는 '광휘'의 내용이 신화적이라 하더라도 전투 시에 하늘에서 유성이 떨어진 것이 아니고, 또《삼국지》에서와

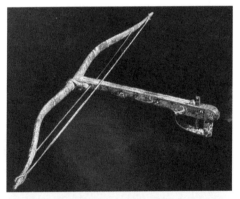

중국 진(秦)시대 쇠뇌
자료: www.baidu.com에서 검색

평양 석암리 고분의 쇠뇌 발사기
자료: 국립중앙박물관에서 촬영

같이 제갈공명의 동남풍을 불게 하는 도술도 아니라면,《삼국유사》를 쓴 일연一然은 당시 신라 고서 기록에 있는 폭발성 화약 무기의 진위를 정확히 알 수 없었기에 '광휘'라는 단어로 은유적인 표현을 한 것이 아닌가 한다. 호메로스Homeros의《일리아드Iliad》에는 그리스가 트로이를 무너뜨릴 때 결정적인 역할을 한 트로이 목마Trojan Horse의 신화적인 이야기가 나오는데, 이는 수천 년 후 독일의 고고학자인 하인리히 슐리만Heinrich Schliemann(1822~1890)의 터키 유적지 발굴을 통해 역사적인 진실로 밝혀진 바 있다. 이처럼 언젠가 통일신라시대의 고분이나 산성 유적지에서도 실제 화약과 관련된 유물이 출토되거나 명확한 근거가 되는 문헌이 발견되기를 기대해 본다.

03
최무선의 화약 발명과 화약 병기

신라시대에 화약을 사용하였는지의 진위 여부를 떠나서 화약과 유사한 강력한 발화 물질은 삼국시대부터 전투 시 화공에 사용하였고 고려시대에도 사용하였다는 기록이 있다. 고려 공민왕 5년(1356년) 이전에 화약 병기를 사용하였을 것이라고 주장하는 근거는《고려사高麗史》의 전쟁 기록에 대포大砲, 포차砲車, 발화發火, 화시火矢라는 단어가 나타나기 때문이다.

고려시대의 각종 무기 제작에 관한 내용이《고려사》의〈병제兵制〉에 나오는데 그 내용은 다음과 같다.

"덕종 원년(1032년) 3월에 박원작이 해당 관청을 시켜 혁차革車, 수질노繡質弩, 뇌등석포雷騰石砲를 제작하고, 또 팔우노八牛弩와 24종의 병기를 변방의 성에 설치하자고 건의하자 왕이 허락하였다."

혁차는 전쟁에 사용하는 수레로 흔히 병차兵車를 가리키는 명칭인데 원래 차車를 가죽으로 감쌌기 때문에 유래한 말이다. 수질노는 쇠뇌라고도 불리며, 힘이 세고 멀리 나가며 명중도가 높은 기계식으로 작동되는 활의 일종으로, 통일신라시대의 천보노와 같은 것이다. 석포는 돌을 멀리 던져 성벽이나 성문 등을 부수는 데 사용한 공성攻城 무기의 한 종류이다. 일부 학자는 석포를 뇌등雷騰이라고 부르며 화약 병기라고 주장한다. 그러나 이는 화약 병기라보다는 석포가 벼락처럼 빨리 날아간다는 의미에서 뇌등이란 용어를 붙여 신무기임을 강조한 것으로 보인다.

박원작朴元綽은 한국 화약의 아버지라 불리는 최무선崔茂宣보다 약 300년 앞서 상사봉어, 서면병마도감사로 재임하면서 뇌등석포 이외에 수질노를 개량한 수질구궁노, 천균노 등의 우수한 첨단 무기를 만들어 왕에게 상을 받았으며, 이들 무기는 동서 변방 진지에 배치하여 실전에 사용하였다. 박원작은 상주 박씨 가문에서 자랑하는 고려시대 문중을 빛낸 3인의 무인武人 중 한 사람으로서, 우리나라의 자주국방을 위하여 역사 기록에 남은 최초의 첨단 병기를 만든 발명가이자 제조 기술자이다.

발화는 화약을 전투 무기로 사용하였다고 보는 유력한 단서인데《고려사》의 〈병제〉 중 숙종 9년(1104년)에 다음과 같은 발화군 편성 내용이 있다.[8]

"9년 12월. 윤관의 건의에 따라 처음으로 별무반을 설치하였다. 문무산관과 이서로부터 상고, 노비 및 주州·부府·군郡·현縣에 이르기까지 말을 가진 모든 사람을 신기군으로 편성하고, 말이 없는 자는 신보, 도탕, 경궁, 정노, 발화 등의 부대로 편성하였다. 그리고 나이가 20세 이상인 남자로 과거 응시자가 아닐 경우 모두 신보군에 소속시키고 양반과 더불어 각 군진부의 군인은 1년 내내 훈련을 받게 하였다. 또한 승려를 선발해 항마군을 조직하였다.″

고려 숙종 때 새로 설립한 별무반의 발화군이 바로 화약을 화공에 사용하도록 조직된 부대로 추측된다. 그러나 이때의 화약은 고려 말 최무선이 발명한 화약보다 폭발력 등 성능이 떨어지고, 화포 내에 장착하여 먼 거리에 포탄을 날려 보내기 위한 화약은 아니며, 군 막사나 저장고를 불태우거나 기병에게 위협을 주는 화공전에서 위력을 발휘할 수 있게 강력한 화염을 생성하는 초기 흑색화약이라고 볼 수 있다. 발화군은 흑색화약 덩어리를 화살에 부착하여 적군에 타격을 주는 불화살, 즉 화시를 사용하는 활과 쇠뇌, 불붙은 화약 덩어리를 날리는 석포로 무장한 부대로 판단된다.

이 같은《고려사》의 기록을 보면 통일신라시대 이후 고려 초기에서 중기까지 중국 원나라의 몽골군이 화포에 사용한 화약과 동일한 성능을 지닌 것은 아니지만 강력한 발화 성능을 갖춘 원시적인 흑색화약이 부분적으로 제조되고 실전에 사용되었음을 알 수 있다.

화약을 중국이 먼저 사용하였다고 하더라도 그보다 더 우수한 화약을 발명한 것은 바로 고려의 최무선이다. 전 세계인이 전구를 미국의 토머스 에디슨Thomas Edison이 발명하였다고 하는데 사실은 그보다 71년 전인 1808년에 영국의 화학자인 험프리 데이비Humphry Davy가 처음 발명하였다. 증기기관도 제임스 와트James Watt가 처음 발명한 것이라 알고 있지만 사실은 그보다 수십 년 전에 토머스 뉴커먼Thomas Newcomen이 처음 발명한 것이다. 이러한 역사적인 발명의 이야기에 비추어 볼 때 최무선이 화약을 발명하였다고 하여도 무리한 주장은 아닐 것이다.

최무선의 독자적이며 창조적인 화약 발명이 있었기 때문에 조선시대에 세계 최초의 2단 로켓인 '산화신기전散火神機箭'을 발명할 수 있었다. 고려시대 최무선의 화약 발명에 앞서 삼국시대에도 화약을 만들어 전투에 사용하였다는 기록이 《삼국유사》 등에 나오는데, 역사적 사실 근거가 미약하기는 하지만 어쩌면 화약을 최초로 발명한 나라가 우리나라일지도 모른다.

| 최무선(1325~1395년). 자료: http://cms.yc.go.kr

우리나라에서 자체적으로 화약과 화약을 이용한 무기를 처음 개발하고 제작하여 사용한 것은 고려 말의

최무선에 의해서이다. 공식 기록에 따르면, 이것이 중국에 이어서 중국의 원천기술을 전수받지 않고 자체적으로 기술을 습득하여 실험을 통해 발명한 것이다. 최무선은 1325년(고려 충숙왕 12년)에 영주(현재의 영천)에서 광흥창사 최동순의 아들로 태어났다. 그는 어렸을 때부터 무인의 기질이 출중하여 무예를 익혔고 각종 무기에 대한 장인의 제조기술에도 관심을 가졌다. 무관으로 관직에 나간 후 왜구 등과의 여러 전투에 공을 세우며 고려 말에 이성계와 함께 활동하였다.《고려사》에 따르면, 왜구는 충정왕 2년(1350년)부터 고려의 강역을 침범하기 시작하였는데 거의 매달에 한 번 정도 각 지역을 침범하였다는 기록이 있으며, 때에 따라서는 내륙 깊숙이 침범하여 지방의 도성을 점령하기도 하고 왕도인 개경 근처까지 출몰하기도 하였다.

무관인 최무선은 잦은 왜구의 침범과 노략질이 민간에 막대한 피해를 입히고 국가의 존폐를 위협할 정도로 심각하였기 때문에 이를 막기 위하여 당시 중국에서 실전에 많이 사용하는 화약과 총포가 꼭 필요하다는 것을 알았다.《고려사》에 따르면, 공민왕 22년(1373년) 11월 을축일에 최무선이 밀직부사 장자온張子溫을 명나라에 파견하여 화약을 보내 줄 것을 요청하는 공문을 보낸 기록이 남아 있는데 그 내용은 다음과 같다.

"왜적이 소란을 일으키며 출몰한 것이 벌써 20년이 넘었습니다. 그동안 본국 연해 주군의 요해처에는 군사를 배치해 방어만하게 했을 뿐 바다까지 나가 추격해 체포하라는 지시는 내리지 않았습니다. 그러나 최근 들어 적들이 너무 기세등등한지라 이제는 바다에 나가 추격하여 체포하게 함으로써 백성의 근심을 근절하기 위해 관원을 파견해 왜적을 체포할 함선을 건조하고 있습니다. 그러나 함선에서 사용할 병기, 화약, 유황, 염초焰硝 등의 물품을 조달할 길이 없어 의논한 끝에 상국 조정에 부탁하게 되었으니 상기 물품을 보내 주셔서 왜적을 격퇴할 수 있게 해 주시기 바랍니다."

최무선은 왜구의 침탈에 맞서 나라를 보전하기 위하여 중국에 화약 물품을 공급해 줄 것을 요청하였는데, 그 당시 그는 48세로 무관이었다. 이때 최무선은 화약 개발에 전념하고 있었을 것으로 추정된다. 고려 조정의 화약 물품의 제공 요청에 대한 답신은 다음 해에 명나라에서 돌아오는 사신에 의해 전달되었다. 공민왕 23년(1374년) 6월 임자일에 정비鄭庇 등이 명나라에서 귀국하면서 황제가 직접 쓴 다음과 같은 조서를 가지고 왔다.

"홍무 7년(1374년) 5월 초나흗날 왜적을 체포하기 위한 함선의 건조에 사용할 병기, 화약, 유황, 염초 등의 물품을 나누어 줄 것을 요청하는 공문을 접수했습니다. 그 공문에 의거해 조사해 본즉 고려국에서 왜적을 체포하기 위해 건조하는 함선이 정말 바다로 나가서 작전을 수행하는 것이 적절한지 판단을 내릴 수 없습니다. 게다가 중국에서 사용하는 화약·염초·유황의 예비분이 많기는 하나 쓰임새 또한 많으니 중국을 놔두고 외국에 보낼 수는 없습니다.

홍무 7년 5월 초여드렛날 중서성 대도독부 어사대의 관리가 봉천전에서 다음과 같은 황제의 지시를 받았습니다. '고려에서 공문을 보내 왜적을 체포할 함선에 소용되는 병기와 화약을 요청해 왔다 하니, 내 생각에는 매우 좋은 일인 것 같다. 예전처럼 백성의 고통을 그냥 좌시하지 않고 이제는 백성을 구원할 마음이 생겼기에 저렇게 중국에 공문을 보내온 것이다. 왕전(공민왕)이 정말 내 명령을 따를 의사가 있는가? 그렇다면 나의 이러한 명령을 내려보내라. 그러면 그는 반드시 따를 것이다. 빨리 문서를 발송해 그곳에서 염초 50만 근을 수집해 모으고 유황 10만 근을 구해서 가져오게 하라. 그러면 여기에서 그것에 섞어 쓸 다른 약을 배합해서 고려로 보내 줄 것이다. 또한 왜적을 체포할 함선을 새로 건조하면 유능한 장관으로 하여금 함선을 인솔해 와서 나에게 보이도록 하라. 이를 잘 시행하라.' 이에 중서성의 어사대관이, 그 나라에는 그런 물건이 없을지도 모른다고 아뢰자 황제께서는 이렇게 말씀하셨습니다. '다 같은 하늘과 해 아래에 있는 나라인데, 여기에는 있는 것이 거기에는 없을 리가 있겠는가? 그러한 물품은 아무 데나 다 있는 법인데 다만 그곳에서는 배합하는 방법을 모르고 있을 따름이다. 그러니 너희 재상들은 나의 이런 명령을 전달하기만 하면 된다.'"

고려에서 화약 물품의 제공을 요청한 것에 대한 명나라의 공식 답서를 보면, 명나라에서는 자국의 화약 물품을 그냥 제공하거나 화약의 제조 비법을 전수하기 곤란하니 화약 제조에 필요한 염초 50만 근과 유황 10만 근을 보내면 화약을 만들어 보내 주겠다고 하였다. 이에 고려의 조정에서는 화약 재료만 보내 주면 그냥 명나라에 공물로 뺏길 것 같다는 생각에 명나라의 화약 조달을 없었던 일로 한 것 같다. 또한 당시 고려는 염초 50만 근과 유황 10만 근을 생산할 정도의 여력이 없었을 것으로 판단된다. 이 화약 조달 사건이 최무선으로 하여금 화약의 개발에 더욱 박차를 가하게 한 계기가 된 것으로 보인다.

최무선은 중국이 국가기밀인 화약 제조기술의 유출을 금지하고 있어 화약을 수입할 수 없다는 것을 알고 자체적으로 화약 제조기술을 알아내기로 하였다. 그는 수많은 문헌과 수소문을 통해 화약을 만드는 세 가지 재료, 즉 초석, 유황, 숯(목탄) 중에서 유황과 숯은 쉽게 구할 수 있으나 초석을 만드는 것이 가장 어렵고, 이 세 가지 재료의 배합기술을 알아내는 것이 핵심이라는 것을 파악하였다.

최무선은 화약을 만들어 널리 실전에서 사용하고 있는 중국으로부터 기술 정보를 얻고자 노력하였다. 그는 중국 상인의 왕래가 잦은 무역항인 벽란도에 가서 중국에서 오는 상인 중 초석(염초)의 제조 방법을 알고 있는 사람을 찾다가 중국 강남 지방에서 온 이원李元을 만나게 되었다. 그는 이원에게서 염초 제조에 대한 정보를 얻고자 오랫동안 친교를 맺으며 정성껏 환대하였고 결국 그의 마음을 얻어 흙에서 염초를 추출하는 방법을 터득하였다. 그 후 최무선은 초석, 유황, 숯을 여러 가지 비율로 배합하여 수십 차례의 실험 끝에 화약을 만드는 데 성공하였다.

《고려사》에서는 우왕 3년(1377년, 정사년) 10월에 "판사 최무선의 건의에 따라 처음으로 화통도감火㷁都監을 설치하였다. 최무선이 같은 마을에 사는 원나라 염초 제조 기술자인 이원을 잘 구슬려 그 기술을 은밀히 물은 다음 부하 몇 명으로 하여금 익히게 하여 시험해 본 후 왕에게 건의해 설치하게 된 것이다"라고 기술하고 있다.

정부의 무관이 획기적인 무기를 개발하고 정부에 건의하여 추가 개발과 제조를 위한 생산 공장을 갖춘 정부 기관을 새로 만든다는 것은 쉽지 않은 일로서 현재의 대한민국 정부체계로 보면 빨라도 2~3년 이상 걸릴 것으로 생각된다. '조선왕조실록'의 《태조실록》 제7권, 태조 4년(1395년) 4월 19일 〈검교 참찬문하부사 최무선의 졸기〉에 최무선이 여러 해에 걸쳐 정부에 진언하여 화통도감을 설치하였다고 기록되어 있다. 《고려사》의 화통도감 설치 시기(1377년 10월)로 보아 최무선이 화약을 만들고 현장 시험을 실시하여 개발에 성공한 시기는 대략 공민왕 21~23년(1372~1374년)으로 판단된다.

최무선이 발명한 화약을 실전에 사용한 기록을 보면 다음과 같다. 《고려사》에는 우왕 6년(1380년, 경신년) 9월에 "태조(이성계)

가 장수들과 함께 운봉에서 왜적을 공격하여 크게 쳐부수니 나머지 적은 지리산으로 달아났다"고 간단하게 기록되어 있다. 그러나 '조선왕조실록'의 《태조실록》 제7권, 태조 4년(1395년) 4월 19일 〈검교 참찬문하부사 최무선의 졸기〉에는 다음과 같이 화약 제조와 화포의 개발 및 사용에 대해 상세하게 기술하였다.

"검교 참찬문하부사 최무선이 졸#하였다. 무선의 본관은 영주요, 광흥창사 최동순의 아들이다. 천성이 기술에 밝고 방략이 많으며, 병법을 말하기 좋아하였다. 고려조에 벼슬이 문하부사에 이르렀다. 일찍이 말하기를, '왜구를 제어함에는 화약만 한 것이 없으나, 국내에는 아는 사람이 없다'라고 하였다. 무선은 항상 중국 강남에서 오는 상인이 있으면 곧 만나 보고 화약 만드는 법을 물었다. 어떤 상인 한 사람이 대강 안다고 대답하므로, 자기 집에 데려다가 의복과 음식을 주고 수십 일 동안 물어서 대강 요령을 얻은 뒤, 도당(정사를 논하는 행정부)에 말하여 시험해 보자고 하였으나, 모두 믿지 않고 무선을 속이는 자라고 하며 험담까지 하였다.

여러 해를 두고 헌의하니 마침내 성의가 감동되어, 화약국을 설치하고 무선을 제조(책임자)로 삼아 화약을 만들어 내게 되었다. 그 화포는 대장군포大將軍砲, 이장군포二將軍砲, 삼장군포三將軍砲, 육화석포六花石砲, 화포火砲, 신포信砲, 화통火㷁, 철령전鐵翎箭, 피령전皮翎箭, 질려포蒺藜砲, 철탄자鐵彈子, 천산오룡전穿山五龍箭, 유화流火, 촉천화촉天火, 화전火箭, 주화走火 등의 이름이 있었다. 기계가 이루어지 매, 보는 사람들이 놀라고 감탄하지 않는 자가 없었다. 또 전함의 제도를 연구하여 도당에 말해서 모두 만들어 내었다.

경신년(557년) 가을에 왜선 300여 척이 전라도 진포에 침입했을 때 조정에서 최무선의 화약을 시험해 보고자 하여, 무선을 부원수에 임명하니 도원수 심덕부, 상원수 나세와 함께 배에 화약 무기를 싣고 바로 진포에 이르렀다. 왜구가 화약이 있는 줄을 알지 못하고 배를 한곳에 집결하여 힘을 다하여 싸우려고 하였으므로, 무선이 화포를 발사하여 그 배를 다 태워 버렸다. 배를 잃은 왜구는 육지에 올라와서 전라도와 경상도까지 노략질한 후에 운봉에 모였는데, 이때 태조(이성계)가 병마도원수로서 여러 장수와 함께 운봉에 있는 왜구를 한 놈도 빠짐없이 섬멸하였다.

이때부터 왜구의 침략이 잦아들고 항복하는 자가 잇달아 생겨나면서 바닷가 백성은 생업을 회복하였다. 이것은 태조의 덕이 하늘에 응한 까닭이나, 무선의 공 역시 작지 않았던 것이다. 조선 개국 후에 늙어서 쓰이지는 못했으나, 임금이 그 공을 생각하여 검교 참찬을 제수하였다. 죽음에 미쳐 임금이 슬퍼하여 후하게 부의를 하였으며, 신사년에 의정부 우정승·영성 부원군으로 추증하였다. 아들이 있으니 최해산崔海山이다. 무선이 임종할 때에 책 한 권을 그 부인에게 주고 부탁하기를, '아이가 장성하거든 이 책을 주라.' 하였다. 부인이 잘 감추어 두었다가 해산의 나이 15세에 약간 글자를 알게 되어 내어 주니, 곧 화약을 만드는 법이었다. 해산이 그 법을 배웠고 조정에 쓰이게 되었으며, 지금 군기소감으로 있다."

화약을 이용한 화약 무기는 성능과 기능에 따라 여러 종류의 화포가 주류를 이루었고 그 외에 보조 역할로 화전과 주화 및 기타 용도의 폭탄이 있었다. 화포는 길고 커다란 쇠통 속에 화약을 장착하고 그 안에 돌이나 철 덩어리 또는 화약을 넣은 포탄을 넣어서 화약의 폭발력을 이용해 포탄이 날아가게 하는 병기이다. 최무선이 발명한 화기로는 대장군포, 이장군포, 삼장군포, 육화석포, 화포, 신포, 화통, 철령전, 피령전, 질려포, 철탄자, 천산오룡전, 촉천화, 유화, 화전, 주화 등이 있었다.

대장군포, 이장군포, 삼장군포, 육화석포, 화포, 신포, 질려포 등은 모두 크기와 성능이 조금씩 다르며, 이는 사용 용도의 차이에 따른 화포의 종류로서 철탄자는 포탄의 일종이다. 철령전, 피령전, 천산오룡전은 강력한 쇠뇌에 사용되는 크기가 다른 화살로 추측된다.

최무선이 제작한 화약 병기 중에는 화전, 유화, 주화, 촉천화 등이 있다. 최무선이 제조한 화전은 그 당시 중국에서 제조된 화약을 사용하는 화전火箭과는 다른 화시火矢의 일종으로서 불화살과 같은 개념이었다. 화시는 삼국시대 이전부터 사용한 화공 무기로 화살의 앞부분에 솜을 매달고 솜에 기름을 묻혀서 불을 붙인 다음 활로 쏘는 것을 말한다. 화시는 적진의 막사나 진지를 불사를 때 또는 공격하는 기병을 혼란하게 만들기 위한 목적으로 사용하는 화살이다. 유화도 화시의 일종이다. 소설《삼국지》에 나오는 적벽 대전에서 주유와 제갈공명의 군대가 조조의 거대한 함선을 화공 으로 공격할 때 사용한 불화살이 바로 화시이다. 고려와 조선 초 에는 이런 불화살에 기름을 묻힌 솜 대신 화약을 사용하여 화약이 들어 있는 기다란 통을 화살에 장착한 후 불을 붙여서 쏘는 것으 로 발전하였다. 1474년 조선시대에 편찬된《국조오례서례國朝五禮序 例》의 〈병기도설兵器圖說〉에 실려 있는 '화전'의 그림과 설명을 보면 이는 화시와 같은 것으로 화살의 앞부분에 긴 화살촉이 달려 있고 화살촉 바로 뒷부분에는 화약이 둥그렇게 뭉쳐 붙여진 형태의 화 살이었다.

04
세계 최초의 로켓 무기인 비화창과 주화

세계 최초의 로켓 무기는 중국 금金나라가 몽골군에 대항하기 위해 만든 비화창飛火槍이란 화약 무기이다.《금사金史》에 비화창에 대해 상세히 기록되어 있는데 그 내용은 다음과 같다.

"1232년 칭기즈칸의 셋째 아들 오고타이 왕자가 금나라의 서울인 변경에 쳐들어갔을 때 금나라 수비군이 '날아가는 불 창'이라는 뜻의 신무기인 '비화창'을 사용하였으며, 이때의 비화창은 종이를 16겹으로 말아 약통을 만든 뒤 삼, 수지, 파라핀, 황, 가루로 된 분탄, 초석 등을 혼합한 화약을 만들어 넣고, 그것을 창 앞에 부착한 것이다."

비화창은 길이 40센티미터의 종이통에 흑색화약을 넣은 것으로 길이 2.5미터의 화살대 앞에 묶어서 쐈다. 비화창은 적진으로 날아가 떨어진 후에 불을 내뿜어 적을 혼란에 빠뜨리는 무기였다. 금나라에 이어 몽골군도 이런 화약 무기를 사용하였으며 이를 날아가는 불화살이라고 하여 화전火箭이라 통칭하였다.

　중국의 화전은 활이나 쇠뇌 같은 발사기를 사용하지 않고 화약을 연료로 사용하며, 화약이 연소할 때 발생하는 가스의 힘으로 목표물까지 날아가는 화살이다. 다음 그림은 화전의 기본형으로서 화살에 화약 연료를 넣은 통을 묶은 것이다. 발사할 때에는 탄도를 안정시키기 위해 경사가 있는 발사대와 격자무늬가 있는 상자나 통을 사용한다. 최대 사정거리는 약 800미터이고 유효 사정거리는 약 500미터이다.

| 화약통을 장착한 화전

　화전은 화살의 앞부분에 대나무나 종이로 만든 원통형의 통을 부착하고, 통 속에 화약을 채운 뒤 통의 아랫부분에 분사 구멍을 뚫은 형태이다. 화약이 든 화약통이 바로 로켓의 엔진 같은 역할을 하기 때문에 이러한 구조를 갖춘 화전이 바로 로켓의 원형이다. 화약을 집어넣은 종이로 말아서 만든 종이통이나 대나무통을 약통藥筒이라 하는데 이는 화약통의 줄임말이다. 이 약통 속에는 로켓의 추진제에 해당하는 흑색화약이 들어 있는데, 약선(점화선)을 이용하여 불을 붙이면 화약이 맹렬히 타면서 만들어진 연기와 불 등의 연소가스가 약통 아래에 있는 분사 구멍(약 4~8밀리미터)

을 통해 밖으로 분출되면서 추력推力을 만든다. 이때 약통에서 연소가스가 분출되는 반대 방향으로 움직이는 힘이 생성되고 그 힘을 이용해 화살이 앞으로 날아간다.

고려의 최무선이 제작한 화약 무기 중에 주화走火와 촉천화觸天火가 있는데 촉천화는 주화의 개량형인 것으로 추정된다. 그러나 주화는 불화살의 종류가 아니라 화약의 추진력을 이용해 화살을 더 멀리 날아가게 만든 것으로 이것이 로켓이라 부를 수 있는 화약 무기이다. 주화는 중국의 화전과 같은 성능을 가진 화약 무기인데 삼국시대부터 불화살을 화전이라고 불러 왔기 때문에 혼동의 여지가 있어 신무기 성능에 알맞은 이름인 주화, 즉 '달리는 불'이라고 이름 붙인 것 같다. 주화와 같은 성능의 화약 무기를 중국에서 오래전부터 '비화창' 또는 '화전'이라고 부른다는 것을 익히 알고 있었지만 자주정신을 가진 고려에서는 '비화'라고 하지 않고 '주화'라고 한 것으로 보인다. 15세기 유럽에서는 로켓을 '플라잉 파이어flying fire' 곧 '날아가는 불'이라고 불렀는데, 이 역시 로켓이 불을 뿜으며 날아가는 모습에서 따온 이름이다. 이를 보면 로켓의 명칭에 대한 발상은 동서양이 모두 비슷한 것 같다.[9]

고려의 주화(1377년 제조)는 중국 금나라의 비화창(1232년 사서에 기록)보다 145년 후에 만들어지긴 하였지만 성능 면에서 중국의 화전보다 더 우수하며 이후 신기전의 모태가 되었다는 점에서 큰 의의가 있다.

최무선이 개발한 화약 무기는 조선 초기에 개량되어 여러 종

《국조오례서례》의 〈병기도설〉에 나타난 병기	
병기군	병기
총포	총통완구銃筒碗口, 장군화통將軍火筒, 일총통一銃筒, 이총통二銃筒, 삼총통三銃筒, 팔전총통八箭銃筒, 사전총통四箭銃筒, 사전장총통四箭長銃筒, 세총통細銃筒, 철신포鐵信砲, 신제총통新製銃筒 등 11종
발사물	총통완구환銃筒碗口丸, 대전大箭, 차대전次大箭, 중전中箭, 차중전次中箭, 소전小箭, 차소전次小箭, 신제총통전新製銃筒箭, 세장전細長箭, 차세장전次細長箭, 세전細箭, 차세전次細箭 등 12종
폭발물	대·중·소질려포통大中小蒺藜砲筒, 대·중·소산화포통大中小散火砲筒, 대·중·소발화통大中小發火筒, 대신기전발화통大神機箭發火筒 등 7종
로켓병기	대·중·소신기전大中小神機箭, 산화신기전散火神機箭, 지화통地火筒 등 5종
기타	화차火車 2종, 화전火箭 1종

류의 무기로 제조되고 사용되었다. 조선 성종 5년(1474년)에 완성되어 발간한 《국조오례서례》의 〈병기도설〉에는 다음과 같이 5개의 병기군에 모두 38종의 병기가 기록되어 있다.

조선 초기에 개발된 이러한 화약 병기는 중국 화약 병기의 모방에서 벗어난 독창적인 것으로서 고려 후기에 사용하던 화약 병기보다 사정거리가 2~3배 이상 먼 첨단 병기이다. 총포류의 총통완구, 장군화통, 일총통, 이총통, 삼총통, 신제총통 등은 각각 한 번에 한 발의 발사물을 발사할 수 있도록 설계되어 있다.

총통완구는 발사물인 둥근 돌石丸을 올려놓는 완碗과 화약과 격목激木을 끼우는 약통의 두 부분으로 나누어져 있어 발사 시 하나로 조립하여 사용한다. 완에는 지름 35센티미터에 무게 74근

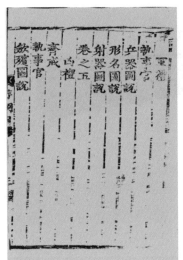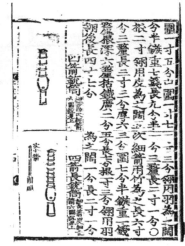

| 〈국조오례서례〉의 〈병기도설〉에 기록된 총통의 도면과 상세 구조 설명. 자료: 정부 공개본.

(44.4킬로그램)짜리 둥근 돌을 올려놓도록 설계되었는데 최대 외경(바깥지름)이 43센티미터 길이 34센티미터, 무게는 104근(62.4킬로그램)이다. 약통은 격목과 화약을 넣는 곳으로 최대 외경 22센티미터에 길이 41센티미터, 무게는 99근(59.4킬로그램)이다. 조립했을 때의 전체 길이는 62센티미터가 되며 발사 때의 전체 무게는 277근(136.2킬로그램) 이상이다.

　장군화통은 당시에 커다란 화살을 발사하는 크기가 제일 큰 포이다. 전체 길이 90센티미터에 최대 외경 17센티미터, 구경(안지름) 10센티미터, 전체 무게 140근(84킬로그램)이며, 대전을 넣고 발사하였다. 대전 길이는 190센티미터이며 앞에 부착된 쇠촉의 무게만도 4근(2.4킬로그램)이었다. 사정거리는 1300보(1560미터)

| **현자총통**. 자료: http://gwangju.museum.go.kr에서 검색

였다. 무게가 무겁기 때문에 4명이 운반하도록 통나무를 끼울 수
있는 큰 고리 2개가 달려 있다.

총통의 크기와 발사할 수 있는 화살, 즉 전箭의 크기에 따라
일총통, 이총통, 삼총통, 팔전총통, 사전총통, 사전장총통, 세총통
으로 구분되며, 실제 전투에 가장 많이 사용된 총통은 사전총통
이고 크기가 가장 작은 총통은 세총통이다.

사전총통은 길이 26센티미터에 외경 3.8센티미터, 구경 2.1센
티미터이며, 무게는 1근 6냥(825그램)이다. 세전 4발이나 차세전
6발을 동시에 발사할 수 있다.

세총통(보물 제854호)은 세종 14년에 처음 만든 휴대용 화기
로 길이 13.8센티미터에 외경 1.4센티미터, 구경 0.9센티미터이며,
무게는 3냥 5전(131그램)이다. 화약을 넣는 약실과 화기의 몸체인
총신 사이에 2개의 마디를 두고 약실 부분은 약간 도톰하게 만들
었다. 사정거리가 약 200보(240미터)밖에 되지 않지만 휴대와 발
사가 간편하여 개인 화기로 널리 사용되었다. 세총통은 무게가 가

┃ **세총통과 차세전**. 자료: http://www.kma.ac.kr에서 검색

벼워 적과 싸울 때 주로 말 위에서 사용하였고 연속 발사할 수 있

다는 장점도 갖추고 있다. 차세전 1발을 발사할 수 있다.

05
세계 최초의 휴대용 로켓인 소주화

고려 후기에 최무선이 개발한 화포와 주화는 조선 초기에 그
대로 이어져 많은 발전을 이루었다. 특히 세종의 북방 개척 계획
에 따라 최윤덕과 김종서 장군이 압록강과 두만강의 강가에 4군
과 6진을 개척하고 왜구를 격퇴하는 데 화약 무기를 많이 사용하
였다. 특히 화약 무기 중에서 여러 종류의 개량된 주화를 대량 생
산한 기록이 《세종실록》에 다음과 같이 11회에 걸쳐 나타난다.

"세종 16년(1434년) 10월 15일, 병조에서 제주 안무사의 장계
에 의거하여 제주·정의·대정 등 고을에 방어 진지용인 현자철령
피·영전·금촉·주화 등을 주기를 청하므로, 그대로 따랐다."

"세종 23년(1441년) 6월 3일, 함길도 도절제사에게 전지하기를,
화포는 적병을 막는 데 가장 유리한 무기이다. 일찍이 들으니 중
조中朝에서 북방을 정벌할 때에 오직 방사인(화약 병기를 다루는 사
람)만이 가진 것이 아니라, 혹은 말馬에 싣기도 하고, 혹은 한 사람

으로 하여금 가지고 따르게 하여 쏘아서 다 없어지면 전해 주게 하였으므로 적을 막을 때에 매우 이익이 있었다고 한다. 앞서는 우리나라에서 화포의 효력을 보지 못하였으나, 근년 이래로 변진에서 적을 막을 때에 그 이익을 자못 보았다. (중략) 세주화포와 소화포는 적을 방어하는 데에 더욱 유리한 무기이다."

이러한 기록을 볼 때 주화가 세주화로 발전하였음을 알 수 있고, 《세종실록》에서 세종 29년의 기록을 보면 이 세주화는 개인 화기로 군사가 활 대신 들고 다니거나 말을 타고 다니면서 사용할 수 있도록 개량하였다는 것이 나타난다. 주화를 발사하는 방법은 초석지(질산칼륨을 묻힌 종이)로 만든 불씨를 가지고 다니다가 필요시 주화의 약선(심지)에 불을 붙인 뒤 주화를 주화통(대나무통)에 넣으면 화약이 폭발하면서 화살이 앞으로 발사되는 것이다. 병사는 주화통에 주화를 넣어 휴대하고 다니다가 적진을 공격할 때 주화통에 있는 주화의 약선에 불을 붙이고 주화통을 땅 위에 비스듬히 세워서 발사한다. 또한 말을 탄 경우에는 옆구리에 매단 주화통에 들어 있는 주화의 약선에 불을 붙인 후에 오른손으로 주화통을 잡고 적진을 겨누며 말을 타고 달려가면서 먼 거리의 적을 향해 발사한다. 이 주화는 요즘 육군의 개인 병사가 전투 시 사용하는 휴대용 로켓 발사기와 유사하다.

KBS 역사스페셜 팀이 고려시대에 만든 것과 같은 방법으로 주화를 복원하여 실험한 결과, 주화의 사정거리는 250~280미터로 나타났다. 원거리의 적을 공격하는 화살의 유효 사정거리는 100~150미터로, 주화는 화살보다 사정거리를 획기적으로 연장한 신무기로 생각된다. 말을 타고 달려오면서 발사한 주화는 화염을 일으키며 날아오기 때문에 적진에서는 매우 위력적이며 두려운 무기로 보일 것이다.

개인 화기로 휴대하여 사용하거나 말에서 발사할 수 있는 소형 로켓 무기를 개발하고 생산하여 사용하였다는 것이 《세종실록》에 기록되어 있는데, 그 내용은 다음과 같다.

"세종 29년(1447년) 11월 22일(신해), 평안·함길도 도절제사에게 유시하기를, 주화의 이익은 크다. 말 위에서 쓰기가 편리하여 다른 화포가 미칠 것이 아니다. 병사가 혹은 허리 사이에 꽂고 혹은 화살통에 꽂아서 말을 달리며 쏘면 부닥치는 자가 반드시 죽을 뿐 아니라, 그 형상을 보고 그 소리를 듣는 자가 모두 두려워서 항복한다. 밤 싸움에 쓰면 광염이 하늘에 비치어 적의 기운을 먼저 빼앗는다. 복병이 있는가 의심스러운 곳에 쓰면 연기 불이 어지럽게 발하여 적의 무리가 놀라고 겁에 질려 그 진정을 숨기지 못한다."

그 당시 전 세계에서는 이런 종류의 휴대용 로켓 무기를 사용한 바가 없어 14세기 말 또는 15세기 초 조선에서 세계 최초의 휴대용 신무기를 만들었음을 알 수 있다. 우리는 지금이라도 조선 초기에 사용된 소주화小走火의 구조를 연구하고 복원하여야 한다. 그리고 복원된 '소주화'로 말을 타고 달리면서 로켓을 발사하는 것을 시연하고 전 세계에 신기전처럼 최첨단 휴대용 로켓 무기인 주화를 널리 보급하며 이를 우리나라에서 사용하였다는 사실을 알려야 한다.

세종 때 화전과 주화의 성능을 잘 알고 화약 병기를 대량 생산하여 군비 강화에 힘썼는데,《세종실록》에 실려 있는 상세한 기록을 보면 다음과 같다.

"세종 29년(1447년) 11월 22일(신해), (중략) 근일에 내려보낸 주화 중에 선운이 주화 600개이고, 이운이 중주화 800개, 소발화 800개, 소주화 1500개이고, 삼운이 평안도에 직상화 2000개, 화전 3052개, 대주화 60개, 소질려포 36개, 중주화 2270개, 소주화 3340개, 함길도에 직상화 1000개, 화전 175개, 대주화 30개, 소질려포 18개, 중주화 1130개, 소주화 1660개이다. 지금 또 더 보내려고 하는데 몇 자루를 보내면 넉넉히 쓰겠는가. 경이 감련관과 의논하여 아뢰라."

"세종 29년(1447년) 12월 2일(경신), 평안도 경차관 박강에게 유시하기를, 지금 소발화구 중주화 866개, 소주화 4666개를 보내니, 연변의 주州·진鎭·구자口子에 적당히 나누어 배치하고, 중주화 2000개, 소발화 2600개, 소주화 7000개를 만들 표지 100권과

약심지 50권, 화약 422근 8냥을 내려보내니, 한결같이 규식(표준 사양)에 의하여 제조하라 하고, 또 함길도 감련관 원익수에게 유시하기를, 지금 소발화구 중주화 434개, 소주화 2334개를 보내니, 주·진·구자에 적당히 나누어 배치하고, 중주화 1040개, 소발화 1040개, 소주화 3500개를 만들 표지 50권, 약심지 20권, 화약 212근 6냥을 내려보내니 한결같이 규식에 의하여 제조하라."

이러한 실록의 내용으로 보아 세종 29년에 조정에서는 화약 무기의 중요성을 잘 파악하여 새로 개발된 소주화, 중주화, 대주화 등의 화약 무기를 대량 생산하도록 건의하고 왕의 재가를 받아 주화의 보급에 힘썼다는 것을 알 수 있다. 이때 소주화 2만 4000개, 중주화 8340개, 대주화 90개 등 총 3만 2430개의 주화를 생산하였다는 것은 지금으로 보아도 막대한 수량이다. 이렇게 주화를 대량 생산했다는 것은 주화가 전략 무기로서 성능이 매우 우수하였음을 입증하는 것이다. 대량 보급된 주화가 화약 무기체제에서 화포 다음으로 중요한 무기이고 전투에서 사용 효과가 매우 높다는 것을 알게 됨이 차후 주화의 개량된 신무기인 신기전神機箭을 개발하게 된 동기가 되었음을 알 수 있다.

06
세계 최초의 2단 로켓인 산화신기전

1975년 11월 역사학회에서 한국항공우주연구원의 채연석 박사가 〈주화와 신기전의 연구: 한국 초기(1377~1600)의 로켓에 대하여〉란 연구 논문을 발표하여 고려시대의 주화와 조선시대 초기의 신기전이 우리나라 최초의 로켓이란 것을 처음 알렸다.[9] 그후 그는 1983년 헝가리에서 개최된 제34차 국제우주대회IAC: International Astronautical Congress에서 신기전의 설계도면을 현대적으로 해석해 발표하였다. 이 발표는 신기전의 설계도가 세계에서 '가장 오래된 로켓 설계도'임을 국제적으로 인증받는 계기가 되었다. 중국의 최초 로켓인 비화창은 자세한 기록이 남아 있지 않으나 우리나라의 신기전은 상세한 특징과 사양 및 제작도면이 복원이 가능할 정도의 문서로 남아 있는 세계에서 가장 오래된 로켓인 것이다.

《세종실록》의 세종 30년(1448년)에 신기전의 이름이 처음 나오는데, 주화를 개량한 새로운 신무기여서 새롭게 신기전이라 이름 붙인 것으로 추정된다.《세종실록》에는 다양한 총통과 중·소신기선의 제조법 및 훈련 방법을 상신하는 다음과 같은 내용이 나온다.

"세종 30년(1448년) 12월 6일, 의정부에서 각종 총통 제조법 및 총통 방사법(발사 방법) 등에 대해 상신하다. 의정부에서 병조의 정문에 의거하여 상신하기를, (중략) 1. 팔전총통·사전총통·장총통·세총통·중소신기전은 양쪽 국경 지대에서는 매년 한 번씩, 그 나머지 여러 도에서는 2년마다 한 번씩 쏘기를 연습할 것입니다."

위의 세종 30년의 실록 내용 전문을 보면 각종 총통과 화살의 재료, 제조 및 훈련 방법 등이 비교적 상세히 설명되어 있다. 이때 개량된 다양한 총통과 대포 및 화약 무기와 발사물에 대한 크기와 재료, 제작과 사용 및 훈련 방법 등의 내용을 종합하여 기록한 《총통등록銃筒謄錄》을 군기감에서 편찬하였다. 세종 30년 9월 13일에 여러 도의 절제사節制使와 처치사處置使에게 《총통등록》이 내려졌고, 비밀 유지 당부와 그간 제조된 무기의 시험 결과, 그리고 성능이 미흡한 부분에 대해 개량해야 할 내용을 담은 교시가 함께 전해졌다. 이로 미루어 볼 때 세종시대에는 국토방위 및 북방 영토 개척을 위한 신무기 개발과 군비 증강에 국력을 쏟았음을 알 수 있다.

안타깝게도 《총통등록》은 현재에 전해지지 않지만 다행히 세

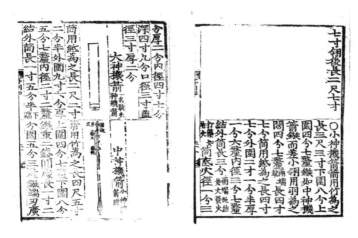

| 〈병기도설〉의 중신기전과 소신기전의 도면과 제작 치수. 자료: 정부 공개본.

종 때부터 편찬된 《오례의五禮儀》의 수정·보완과정에서 〈군례軍禮〉
편에 《총통등록》의 내용이 추가 삽입되었고, 성종 5년(1474년)에
완성되어 발간한 《국조오례서례》의 〈병기도설〉에 《총통등록》에
기록된 모든 내용이 포함되었다. 〈병기도설〉에는 총통·완구 등
화포류 11종, 신기전 등 로켓형 화약 무기 3종, 대발화통·화차 등
기타 화약 무기 5종, 방패·창 등 12종의 병기, 수은갑 등 조선시
대 갑옷 5종, 투구 2종 등 40여 종에 달하는 조선 초기 무기류의
재료, 간단한 제조 방법과 구체적 규격, 그림이 실려 있다.

　세종 29년(1447년)에 소·중·대주화를 개발해 사용하다 뒤이
어 세종 30년(1448년) 초에 신기전을 개발한 것으로 보인다. 신기
전의 상세한 종류와 간단한 구조의 도형 및 제조 방법 등이 〈병기
도설〉에 남아 있는데 소·중·대신기전 이외에 산화신기전散火神機箭

이 추가되어 신기전의 종류는 모두 4종이다.

소신기전은 신기전 중에서 가장 작은 것으로 〈병기도실〉에 따르면 길이 약 1미터의 대나무 화살대를 안정 막대로 사용하였으며, 맨 앞에는 무게 2전(약 5.5그램)의 쇠 화살촉(쇠촉)을 부착하였고, 맨 끝에는 폭 5분分 3리釐(1.7센티미터), 길이 5촌 7분(17.8센티미터)의 새 깃으로 만든 날개를 달고 있는 구조이다. 약 20그램의 화약이 채워진 약통의 크기는 지름이 2센티미터에 길이가 15센티미터이고, 약통 뒷부분에 뚫려 있는 분사 구멍의 크기는 1분 3리(4밀리미터)이다. 최근 한국항공우주연구원이 소신기전 복원 발사 시험을 한 결과, 지면과 60도로 기울여 발사할 경우 150~200미터 정도의 비행 성능을 가진 것으로 밝혀졌다.

중신기전은 화살대 길이는 4척尺 5촌寸(140.6센티미터), 약통

| 신기전과 화차의 측면. 자료: 국립진주박물관에서 촬영

길이는 6촌 4분(20센티미터)에 반지름이 3센티미터이다. 쇠촉과 새 깃은 소신기전과 같으며 약통의 앞부분에 소발화小發火라는 작은 폭탄이 달렸다. 소발화는 종이를 원통형으로 만들어 화약을 넣고 양 끝을 막아 사용하는 폭탄이다. 적진의 목표 지점으로 날아가서 약통 앞부분에 달린 소발화가 폭발하도록 설계되었다. 화약에는 쇳조각이 들어 있어 폭발할 때 주위의 인명을 살상할 수 있는 파편 역할을 한다. 중신기전은 발사 각도를 조절할 수 있는 발사대나 화살통에서 1발씩 발사된다.

복원된 중신기전 발사 시험에서 50그램의 흑색화약을 넣고 60도로 기울여 발사하였을 때 250미터를 비행하였다. 중신기전은 소신기전보다 멀리 날아가고 작은 폭탄까지 달려 있어 전투에서 대단히 효과적인 화약 무기였다. 1451년 문종 때 화차火車를 개

┃ 종이 약통을 단 신기전. 자료: 국립진주박물관에서 촬영

복원된 소·중신기전 발사 모습
자료: 한국항공우주연구원 제공

다연장 로켓 K-136 발사 모습
자료: http://www.flickr.com에서 검색

발하면서 1회에 100발씩 쏠 수 있도록 개량하였는데 요즘으로 말하면 다연장 로켓포에 해당한다.

조선 초기인 15세기 때 세계 최대의 로켓이라고 말할 수 있는 대신기전은 길이 17척(5.31미터), 윗지름 1센티미터, 아랫지름 2.95센티미터의 큰 대나무 화살대 앞부분에는 길이 2척 2촌 2분 5리(69.5센티미터), 지름 9촌 6분(9.55센티미터)의 종이로 만든 원

대신기전의 구조
① 대신기전 발화통(폭탄) ② 약통(로켓 엔진) ③ 안정 막대(대나무) ④ 깃털

형의 대형 약통이 달려 있는데, 이 약통에는 최대 3킬로그램의 흑색화약을 채울 수 있다. 약통의 앞부분에는 길이 23센티미터, 지름 7.5센티미터의 발화통이라는 대형 폭탄이 달렸다. 이 폭탄은 목표물 도착 전후에 약선(점화 심지)에 의해 자동으로 폭발하도록 설계되어 있다. 최근 한국항공우주연구원에서 복원 발사 시험을 해 본 결과, 대신기전의 사정거리는 약 600~700미터로 밝혀졌다.

발화통을 포함한 대신기전의 전체 길이는 약 5.6미터로 대형 로켓에 해당한다. 그 당시 가장 큰 대포였던 '장군화통'에서 발사되는 대전의 길이가 1.9미터였던 것만 보아도 대신기전의 크기가 얼마나 큰지 쉽게 짐작할 수 있다. 대신기전은 주로 압록강 하구의 의주성에서 압록강 건너에 있는 오랑캐를 공격하기 위해 사용되었는데, 압록강 하구의 물이 흐르는 넓이를 살펴봤을 때 사정거리는 1.5~2킬로미터 정도로 추측된다.

이 정도 크기의 외국 로켓으로는 350년쯤 후인 1805년 영국의 윌리엄 콩그리브William Congreve가 제작하여 사용한 6파운드짜리 로켓이 있다. 이 로켓의 약통은 길이가 55센티미터이고, 지름이 11센티미터이며, 안정 막대를 포함한 전체 길이는 4.3미터이다. 350년 전 조선의 대신기전은 길이가 5.6미터이며 종이로 로켓의 몸통(엔진)을 만든 것 중에서는 세계 최대 크기이다.[10]

산화신기전은 '불을 흩뜨리는 신기전'으로 대신기전 약통의 윗부분을 비워 두고 그곳에 로켓의 일종인 지화통地火筒을 소형 폭탄인 소발화통과 나란히 묶어 사용하였다. 지화통은 종이를 말아서 만들었으며 길이 13.5센티미터에 지름 2.5센티미터로 중신기전과 소신기전 약통의 중간 정도 크기이다. 지화통은 땅에 묻어 놓고 적이 접근하면 불을 붙여 하늘로 불을 뿜게 하여 적이 도망가게 하는 로켓 화기의 한 종류이다. 2009년 11월 27일에 있었던 산화신기전 발사 시험에서 비행 중 2단 로켓인 지화통에 불을 붙이는 데 성공하였다. 산화신기전을 발사하면 포물선을 그리며 500~600미터를 비행해 내려가면서 지화통이 점화되고 지화통은 소발화통이라는 폭탄과 함께 빠르게 적진으로 날아가며 폭발한다.

우리가 주목해야 할 부분은 산화신기전이 세계에서 공인된 최초의 2단형 로켓이라는 것이다. 산화신기전은 약통의 윗부분에 소발화통이 달린 지화통을 여러 개 부착하는데, 지화통이 바로 산화신기전의 2단 로켓에 해당한다. 지금까지 서양에서 가장 오래된 2단 로켓으로 알려진 것은 루마니아의 콘래드 하스Conrad Haas가 1529년에 설계한 로켓인데 산화신기전은 이보다도 80년 앞서 개발되었다.

신기전의 특징 중 하나는 중신기전이나 대신기전 또는 산화신기전의 앞부분에 발화통(지금의 폭탄)을 장치하였다는 점이다. 로켓의 앞부분에 지금의 미사일처럼 폭탄을 장치하여 발사한 것은 신기전이 처음으로, 인류가 만든 로켓 무기 중 지금의 미사일과 같은 형태로는 역사상 최초로 추정된다. 특히 조선은 당시로서는 세계 최첨단 로켓을 보유한 선진국으로서 그 내용을 간단히 기술하면 다음과 같다.

- 세계 최초의 휴대용 로켓인 소신기전
- 세계 최대 길이의 로켓인 대신기전
- 세계 최초의 2단 로켓인 산화신기전
- 세계 최초의 미사일인 중·대신기전

07

로켓 종주국으로 도약하는 데 실패한 조선

한국항공우주연구원은 채연석 박사의 주도하에 노즐이 있는
소·중·대신기전과 화차를 복원하여 1993년 대전 엑스포에서 공
개하였고, 복원한 화차를 이용해 소·중신기전을 처음으로 공개
발사하였다. 또한 2007년 말부터 진행된 대신기전의 복원에서는
신기전 약통에 연소실의 압력을 높이고 연소가스의 분출 속도를
높이는 노즐nozzle을 사용하지 않았다는 새로운 사실을 찾아내었
다. 2009년 11월 27일에 채 박사 팀은 4종의 신기전을 90퍼센트
정도 복원하여 발사하는 데 성공하였다.[11]

한편 2007년 12월에 국가 연구 프로젝트의 일환으로 한국항
공우주연구원이 전통 방식에 기초한 '대신기전 복원 연구사업'을
공모하였고, 여기서 충남대학교 항공우주공학과 허환일 교수 팀
이 선정되었다. 허환일 교수 팀은 2007년 12월 교육과학기술부
와 한국항공우주연구원의 지원을 받아 '대신기전 복원 연구사업'
프로젝트에 착수하였다. 2008년 12월에는 복원 후 두 차례 시험
발사에 성공하였으며, 2009년 10월 15일에는 대전 컨벤션센터

에서 열린 2009 국제우주대회에서 복원과정과 성능을 공개하였다. 연구 팀은 세계 최초의 로켓은 중국의 비화창(1232년)이며, 우리나라 최초의 로켓은 고려 후기(1377년)에 화통도감에서 최무선이 만든 주화라고 밝혔다. 연구 팀은 신기전 설계도에 따라 기계의 사용은 완전히 배제하고 전통적인 방식만 사용하여 복원하였으며, 가장 어려운 종이로 된 약통을 만들기 위해 전통 한지로 된 40개 이상의 약통을 제작해 인장 강도 실험, 내압 실험, 연소 실험

| 산화신기전의 발사 모습
| 자료: 한국항공우주연구원 제공

등을 수행하였다. 로켓 연료로는 19세기까지 사용된 흑색화약을 사용하였다.

조선 초기부터 신기전을 실전에 배치하고 사용법을 교육하며 전투에 응용하는 전술법까지 개발한 내용이 《조선왕조실록》에도 여러 차례 나온다. 이는 신기전이 화약 무기로서 매우 중요한 첨단 무기라는 것을 알고 이에 맞추어 전투능력을 배양하고 신기전을 양산한 것으로 보인다. 다음은 실록의 내용이다.

"세종 30년(1448년) 12월 6일, 의정부에서 각 종 총통 제조법 및 총통 방사법(발사 방법) 등에 대해 상신하다. 의정부에서 병조의 정문에 의거하여 상신하기를, (중략) 1. 팔전총통, 사전총통, 장총통, 세총통, 중소신기전은 양쪽 국경 지대에서는 매년 한 번씩, 그 나머지 여러 도에서는 2년마다 한 번씩 쏘기를 연습할 것입니다."

"문종 1년(1451년) 1월 4일, 중신기전 3천과 소신기전 4천을 평안도에 보내도록 명하였다."

"문종 1년(1451년) 6월 19일, 〈신진법新陣法〉을 완성하다. (중략) 9. 용겁지세勇怯之勢 (1) 좌·우군이 진용을 만들어 서로 마주 대하고서, 양쪽 진영이 서로 3백 보 떨어진다. 진 앞 각각 50보에 제1표를 세우고 각각 50보에 제2표를 세운다. 각각 전통 및 유군을 내어, 가전에서 화포를 쏘고, 전각을 불고, 대장기를 올린다. (2) 대장이 각각 용대기를 올려서 이에 응하고, 전각을 불고 전투용 북을 치고, 붉은 기를 올리고 신기전을 쏜다."

"세조 7년(1461년) 12월 16일, 승정원에서 교지를 받들어 평안도 관찰사에게 달려가 문서를 전하기를, 이제 신기전과 발사 기계 10건을 보내니, 도내의 성이 있는 여러 고을과 여러 보에 나누어 주어서 이 모양에 의하여 매 1읍마다 1백 개를 제조하도록 하고, 만일 제조가 용이하다면 편의대로 더 제조하도록 하라."

신기전은 세종 때 압록강과 두만강 중류 지방에 있던 4군 6진에서 여진족의 침략을 막기 위해 주로 사용하였으며, 성종 때에는 군대의 전략 무기로 지정하여 개량하고 대량 생산하여 사용하였다. 칼, 활, 창, 화포 등이 군의 주력 무기이던 시절에 화염과 함께 굉음을 내며 먼 거리를 날아가 폭발하는 신기전은 적진을 혼란에 빠뜨리고 파괴하는 위협적인 무기로서 적에게 큰 공포감을 주었을 것이다.

디구나 신기전과 같이 개발된 화차를 통해 중신기전 100발을 순차적으로 발사해서 250미터를 날아가 소형 폭탄을 폭발하게 만들 수도 있었다. 이것은 요즘 남북한이 보유한 다연장 로켓포와 같은 위력을 가진 것이었다. 또한 500~700미터를 10여 초 만에 날아가 여러 개의 소형 폭탄이나 대형 폭탄을 터뜨리는 대신기전이나 산화신기전의 파괴력도 당시로서는 상상을 초월하는 최첨단 무기였다.

조선의 전략 무기로 대단한 위력을 발휘한 신기전은 세종 29년인 1447년 11월부터 문종 1년인 1451년 1월까지 3년 3개월 동안 4만여 발이 평안도와 함경도에서 제작되어 사용되었다. 화차도 1451년에만 700여 대가 만들어져 전국에 배치되었을 정도이다. 성종 이후 선조 때 임진왜란 당시에도 사용한 기록이 실록에 있으며 영조 때 이인좌의 민란 당시 사용한 것이 실록에 마지막으로 기록되어 있다. 다음은 《영조실록英祖實錄》에 나오는 신기전의 실전 사용 기록이다.

"영조 4년(1728년) 3월 23일, 오명항이 안성에서 적군과 싸워 크게 이기다. (중략) 적의 첩자가 번번이 관군에게 붙잡혔기 때문에 적도들도 단지 대군이 직산으로 향한 줄만 알았지 진을 안성으로 옮긴 줄은 모르고, 어두운 가운데 안성군의 진지인 줄 잘못 알았기 때문에 원근을 구별하지 못해 포와 화살을 어지러이 쏘았으나 다 미치지 못했던 것이었다. 그러다가 갑자기 대군이 쏜 신기전을 보고서야 비로소 정부의 군사가 온 것을 알고 놀라서 겁에 질려 물러나 도망하니, 위협에 못 이겨 따른 무리는 이때 대부분 도망해 흩어지고, 적의 괴수 이인좌와 박종원 등은 4, 5개 초소의 병력을 거느리고 청룡산 속으로 물러갔다."

14~15세기 당시의 중국과 조선은 유럽에 앞서 화약을 발명하고, 또 이를 이용한 화약 무기인 화포와 로켓을 실전에 사용한 첨단 무기 기술 보유국이었다. 조선이 당시로서는 세계 최초의 2단 로켓인 산화신기전을 만들어 냈기 때문에 화포와 로켓을 국가적 차원에서 더욱 개량하고 발전시켜 나갔다면 한반도는 임진왜란이나 국권침탈 같은 치욕적인 일을 당하지 않고 동북아시아의 강대국으로 부상하였을지도 모른다. 특히 조선이 산화신기전이란 2단 로켓을 유럽보다 80년 앞서 세계 최초로 만들면서 로켓의 종주국이 될 수 있었던 환경이었는데도, 영조 이후로 신기전의 개량 보급이 전혀 이루어지지 않은 상황은 많은 궁금증을 가지게 한다.

| **불랑기포**. 자료: 강화역사박물관에서 촬영

신기전이《조선왕조실록》에서 마지막으로 기록된 것은 영조 4년(1728년)에 이인좌의 반란군을 진압할 때로, 그 후로는 신기전에 대한 생산이나 사용에 대한 기록이 없다. 임진왜란 이후에는 명나라에서 쓰던 서양의 화포인 불랑기佛狼機를 제조하여 사용하였으며, 1628년(인조 6년) 제주도에 표착漂着한 네덜란드인 중 얀 벨테브레이Jan J. Weltevree(한국명: 박연) 등 3인이 훈련도감에 배속되어 서양식 포술을 가르쳤다.

인조 9년(1631년) 처음으로 성능이 향상된 서양의 대포를 명나라에서 들여와 각 군문에 배치하여 사용함으로써 화력적인 측면에서 성능이 떨어지는 신기전이 자연도태한 것으로 보인다.《인조실록》의 인조 9년(1631년) 7월 12일(갑신)에는 다음과 같이 기록되어 있다.

"진주사陳奏使 정두원鄭斗源이 명나라 서울에서 돌아와 천리경千里鏡, 서포西砲, 자명종自鳴鐘, 염초화焰硝花, 자목화紫木花 등의 물품을 바쳤다. 천리경은 천문을 관측하고 백 리 밖의 적군을 탐지할 수 있다고 하였으며, 서포는 화승火繩을 쓰지 않고 돌로 때리면 불이 저절로 일어나는데 서양인인 육약한陸若漢이 중국에 와서 두원에게 기증한 것이다. 자명종은 시간마다 종이 저절로 울리고, 염초화는 곧 염초를 굽는 함토醎土이며, 자목화는 곧 색깔이 붉은 목화이다."

| 홍이포. 자료: 실학박물관에서 촬영

정두원이 가지고 온 화포는 서양 제품이라 하여 서포로 표현하였는데 홍이포紅夷砲라고도 하였다. 당시 네덜란드인을 홍모이紅毛夷, 즉 붉은 머리털의 오랑캐라고 부른 데서 이런 이름이 붙은 것이다. 유럽에서는 14세기 중엽에 영국에서 처음으로 대포를 사용하였으며, 17세기에는 대포의 성능이 크게 높아져 해전이나 육지 전투에서 크게 위력을 발휘하였다. 중국이나 일본도 앞다투어 유럽의 대포를 도입하였으며 자연히 조선도 명나라에서 서양의 대포를 수입하게 되었다.

만약 조선 중기 때부터 세계 최초의 2단 로켓인 산화신기전을 더욱 개량하고 보급하여 그 명맥을 이어 왔다면 대한제국 때 제2차 세계대전 당시 독일의 V로켓보다 더 성능이 좋은 로켓 무기를 보유했을 수도 있다. 이렇게 조선이 로켓 신무기 강국으로 자리 잡았더라면 나라를 빼앗기는 수모를 겪지 않았을 뿐만 아니라 항공우주 분야에서 지금쯤 미국, 러시아, 중국과 어깨를 나란히 하고 있을지도 모른다.

참고
문헌

제1부 최강 고구려제국의 철기병 군단

① 국립문화재연구소 엮음,《문화유산에 숨겨진 과학의 비밀》, 고래실출판
  사, 2007, p. 206.
② 전상운 지음,《한국의 과학사》, 세종대왕기념사업회, 2000, p. 27.
③ 북한사회과학원·석광준 지음,《조선의 고인돌무덤 연구》, 도서출판 중
  심, 2002, pp. 269-271.
④ 황기덕 지음,《조선원시 및 고대 사회의 기술 발전》, 과학·백과사전출
  판사, 1984, p. 40.
⑤ 리쉐친 지음, 심재훈 옮김,《중국 청동기의 신비》, 학고재, 2005.
⑥ 덩인커 지음, 주일신 옮김,《고대발명》, 도서출판 대가, 2008, p. 38.
⑦ 《조선원시 및 고대 사회의 기술 발전》, 평양 백과사전출판사, 1084, pp.
  48-54.
⑧ 덩인커 지음, 주일신 옮김,《고대발명》, 도서출판 대가, 2008, p. 39.
⑨ 로버트 템플 지음, 과학세대 옮김,《그림으로 보는 중국의 과학과 문명》,
  까치, 2009.
⑩ 고구려연구재단 엮음,《고조선·단군·부여》, 고구려연구재단, 2004,
  p. 121.

⑪ 이덕일・김병기・박찬규 지음,《고구려는 천자의 제국이었다》, 역사의 아침, 2007, p. 135.

⑫ 웨난 지음, 심규호 옮김,《부활하는 군단》, 일빛, 2001, p. 175.

⑬ 제임스 E. 매클렌란 3세・해럴드 도른 지음, 전대호 옮김,《과학 기술로 본 세계사 강의》, LG경제연구원, 2006, p. 29.

⑭ 제레드 다이아몬드 지음, 김진준 옮김,《총, 균, 쇠》, 문학사상사, 2013, pp. 104-109.

제2부 나노기술을 사용한 고대 금속공예품

① 김원용 지음,《한국 고미술의 이해》, 서울대학교 출판부, 1999, p. 193.

② 이난영 지음,《한국고대금속공예연구》, 일지사, 1998, pp. 27-31.

③ 전지은 지음, 〈다뉴세문경 단위 문양 연구〉, 영남대학교 석사학위 논문, 2013, p. 53.

④ 정동찬・홍현선・윤용현 지음, 〈겨레과학기술 조사연구. VII: 금속, 나무, 가족 상담기술〉, 국립중앙과학관, 1999.

⑤ 이건무 지음, 〈한국 선사시대 청동기 제작과 거푸집〉,《숭실대학교 한국기독교박물관 제2회 매산기념강좌 발표논문집》, 숭실대학교, 2005.

⑥ 이승우 지음, 〈다뉴세문경 제작기법연구〉, 동국대학교 문화예술대학원 석사학위 논문, 2007, pp. 14-28.

⑦ 이승우 지음, 〈다뉴세문경 제작기법연구〉, 동국대학교 문화예술대학원 석사논문, 2007.

⑧ 숭실대학교 한국기독교박물관 엮음,《한국기독박물관소장 국보 141호 다뉴세문경 종합조사연구》, 숭실대학교, 2009, p. 74.

⑨ 이승우 지음, 〈다뉴세문경 제작기법연구〉, 동국대학교 문화예술대학원 석사논문, 2007.

⑩ 숭실대학교 한국기독교박물관 엮음,《한국기독박물관소장 국보 141호 다뉴세문경 종합조사연구》, 숭실대학교, 2009.

⑪ 북한사회과학원 지음,《평양일대 락랑무덤에대한 연구》, 도서출판 중심, 2001, p. 35.

⑫ 임철민・이동주・김건 지음, 〈고대 귀금속 및 공예 제작기법의 변천에 따

른 조형 형태에 관한 연구〉, 《기초조형학연구》, 제7권 제4호, pp. 355-542.

⑬ 최순우 지음, 《무량수전 배흘림기둥에 기대서서》, 학고재, 2002, p. 160.

⑭ 전호태 지음, 《살아 있는 우리 역사, 문화유산의 세계》, UUP, 2004, p. 77.

제3부 고대세계 최고 · 최대의 목조 건축물

① 〈한겨레신문〉, 〈삼국시대 암각화 충남 청양서 발견〉, 2013. 6. 25.

② 〈경향신문〉, 〈기와지붕과 문 생생히 새겨진 삼국시대 건축물 암각화 발견〉, 2013. 6. 24.

③ 이형구 지음, 《발해연안에서 찾은 한국 고대문화의 비밀》, 김영사, 2004, p. 241.

④ 전상운 지음, 《한국의 과학사》, 세종대왕기념사업회, 2000, p. 44.

⑤ 최순우 지음, 《무량수전 배흘림기둥에 기대서서》, 학고재, 1994, p. 21.

⑥ 최순우 지음, 《무량수전 배흘림기둥에 기대서서》, 학고재, 1994.

⑦ 양태현 지음, 〈한 · 중 · 일 목탑 조영의 연구〉, 전남대학교 박사학위 논문, 2013, pp. 31-44.

⑧ 이종호 · 박택규 지음, 《한국의 과학 기술 이야기 2》, 집사재, 2006, p. 151.

⑨ 함인영 지음, 《신라 과학기술의 비밀》, 삶과 꿈, 1998, p. 125.

제4부 동북아시아 거석문화의 기원인 고인돌

① 리차드 리키 지음, 이원식 옮김, 《재미있는 인류 이야기》, 예문당, 1998, p. 188.

② KBS 역사스페셜 지음, 《역사 스페셜 4》, 효형출판사, 2002, p. 146.

③ 하비 레클린 지음, 김라합 옮김, 《유물을 통해 본 세계사》, 세종서적, 1997, p. 25.

④ KBS 역사스페셜 지음, 《역사스페셜 1》, 효형출판사, 2002, p. 227.

⑤ 북한 사회과학원 지음, 《조선의 고인돌무덤 연구》, 도서출판 중심,

2002, p. 293.

⑥ 데이비드 롤 지음, 김석희 옮김, 《문명의 창세기》, 해냄출판사, 2001.

⑦ 하용준 지음, 《쿠쿨칸의 신전》, 중앙M&B, 2001, p. 6.

⑧ 차용걸 · 박태우 지음, 《온달산성: 지표조사보고서》, 충북대 호서문화연구소, 1989.

⑨ 요네다 미요지 지음, 신영훈 옮김, 〈불국사조영계획〉, 《한국상대건축의 연구》, 동이문화연구원, 1976.

⑩ 함인영 지음, 《신라 과학기술의 비밀》, 도서출판 삶과 꿈, 1998, p. 85.

⑪ 홍사준 지음, 〈첨성대 실척 보고〉, 《고고미술자료》, 1963, pp. 162-163.

⑫ 홍사준 지음, 〈첨성대 실척 보고〉, 《고고미술자료》, 1963.

⑬ 김용국 · 김용운 지음, 《한국 수학사》, 실림Math, 2009, pp. 151-156.

⑭ 〈연합뉴스〉, 〈앙코르와트 거대석재 운반 비밀 풀려〉, 2012. 11. 2.

제5부 조선이 발명한 세계 최초의 2단 로켓

① 민병만 지음, 《한국의 화약역사》, 아이워크북, 2009, p. 24.

② 민병만 지음, 《한국의 화약역사》, 아이워크북, 2009, p. 31.

③ 덩인커 지음, 조일신 옮김, 《고대발명》, 도서출판 대가, 2008, p. 26.

④ 박종화 지음, 《삼국지》, 삼성출판사, 1967, 4권 p. 398, 5권 p. 222.

⑤ 민병만 지음, 《한국의 화약역사》, 아이워크북, 2009, p. 33.

⑥ 스티븐 에프 메이슨 지음, 박성래 옮김, 《과학의 역사 Ⅰ》, 도서출판 까치, 1987, p. 116.

⑦ 이종호 · 박택규 지음, 《한국의 과학기술 이야기 2》, 집사재, 2006, p. 213.

⑧ 고려대학교 석당학술원 지음, 《국역 고려사》 병제 숙종 9년, 경인문화사.

⑨ 채연석 지음, 〈주화와 신기전의 연구〉, 《역사학보》, 70집, 15-88.

⑩ 채연석 지음, 《로켓이야기》, 도서출판 승산, 2002, p. 33.

⑪ 한국항공우주연구원 지음, 《우리나라 최초의 로켓》, 한국항공우주연구원, 2009.

알면 알수록 위대한
우리 과학기술의 비밀

이명우 지음

발 행 일   초판 1쇄 2016년 1월 23일
발 행 처   도서출판 평단
발 행 인   최석두

등록번호   제2015-000132호 / 등록일 1988년 7월 6일
주   소   경기도 고양시 덕양구 통일로 140 삼송테크노밸리 A동 351호
전화번호   (02)325-8144(代)   FAX (02)325-8143
이 메 일   pyongdan@hanmail.net
I S B N   978-89-7343-426-8 (03910)

이 도서의 국립중앙도서관 출판시도서목록(CIP)은 서지정보유통지원시스템 홈페이지(http://seoji.nl.go.kr)와
국가자료공동목록시스템(http://www.nl.go.kr/kolisnet)에서 이용하실 수 있습니다.
(CIP제어번호: CIP2015030989)